THE GREAT REVIVE

LA ENCRUCIJADA DEL LIDERAZGO ANTE
LA VUELTA A LA OFICINA

JUAN MANUEL ROCA

KOLIMA BOOKS

Categoría: Directivos y líderes

Colección: Liderazgo con valores

Título original: *The Great Revive.*
La encrucijada del liderazgo ante la vuelta a la oficina

Primera edición: Octubre 2022
© 2022 Editorial Kolima, Madrid
www.editorialkolima.com

Autor: Juan Manuel Roca
Dirección editorial: Marta Prieto Asirón
Maquetación de cubierta: Valeria Hernández
Maquetación: Mercedes Galán García

ISBN: 978-84-19495-10-5
Depósito legal: M-24690-2022

*A todas las personas que ansían
que el sol vuelva a brillar en sus corazones.*

ÍNDICE

PRÓLOGO

Las obligaciones de un directivo tienden a convertirse en un maratón repleto de obstáculos. Ha de pilotar la estrategia y ocuparse de las ventas, de las compras, de los resultados, del *networking*, de los comités de dirección, de atender a los accionistas, e incluso, cuando es conveniente y preciso, a los periodistas. Cargan sobre sus espaldas con el peso de los *stakeholders* o grupos de interés. La dirección consiste, como hace veinte años propuse y Juan Manuel Roca recuerda, en lidiar con la imperfección. Es decir, con los problemas y crisis, tan múltiples como diversos. Los líderes deben alumbrar el futuro en medio de la borrasca, como, sin ir más lejos, ha acaecido en la reciente pandemia.

Nadie podía predecir un escenario como el que nos ha tocado desde los umbrales de 2020. Los altos directivos han vivido en primera persona un desafío que nos ha conducido a todos al límite. Hemos experimentado un escenario semejante a la crisis financiera de 2008, pero a diferencia de aquella, que arremetió contra los cimientos del capitalismo, el COVID-19 nos ha puesto al borde del abismo a todos, desde ejecutivos a emigrantes en territorio hostil.

Un virus feroz –probablemente diseñado por mano humana– ha dañado a diestro y siniestro, en un combate que se ha llevado por delante a innumerables ciudadanos. En plena refriega mucho ha cambiado. Algunos han profetizado que nada volverá a ser lo mismo…, o acaso sí.

No se trata ahora de rescatar los cimientos del capitalismo (trasatlántico complejo pero humanizable, no como el indefectiblemente feroz comunismo), sino a personas. Se lideran individuos concretos, no cosas. Cuando estos se han encontrado aislados, confinados, perdidos, sin agarraderas y con una clase política que ha provocado –salvo excepciones– vergüenza ajena, el liderazgo debe volver a sus orígenes, como plasma con claridad Juan Manuel en este libro.

El autor habla del abrazo del liderazgo para referirse a esa nueva actitud que reclaman los tiempos actuales. Se trata de reivindicar la esencia misma del liderazgo: las personas.

Si el denominado futuro del trabajo se había adueñado de la agenda corporativa en el último lustro, estos dos últimos años han cerrado la puerta de las oficinas para centrar el debate no tanto en la brega como en las criaturas humanas, afectadas mental y físicamente por los efectos de la pandemia. Algunos no han soportado la embestida y han dicho ¡basta! La denominada *great resignation* es una manifestación del desgaste que ha dejado esta crisis sanitaria.

Conviene ir más allá de los síntomas para abordar el desafío actual. A eso dedica este libro Juan Manuel Roca, que encuentra en el liderazgo la llave de la puerta de salida. Más que nunca, insiste, el liderazgo auténtico es la vacuna necesaria para remediar –y vuelve a cimentar su reflexión en mis investigaciones– las patologías organizativas inadvertidas durante largo tiempo y que ahora han salido a flote en medio de la tormenta. La huida masiva de empleados ha sido la consecuencia más sonora de los males internos, pero no la más severa. El inconveniente de fondo radica en la deshumanización. Es urgente regresar a las raíces, a las almas, como apunta con brillantez el autor.

Ante un escenario tan inesperado como desconcertante, la llamada al liderazgo cañí se torna imperiosa. Los directivos deben bajar al lodo, porque deben rescatar a sus semejantes, que necesitan un afecto que durante mucho tiempo han ansiado pero no han recibido. En eso consiste la mirada tierna, como describe Juan Manuel, que desgrana el tipo de gobernanza oportuna para encarar el futuro y desterrar el pasado.

Cuando el retorno a la oficina se ha convertido para muchos en una contrarreloj, hay que volver a poner en el centro a la criatura humana. Como sentencia Juan Manuel sin tapujos ni alharacas, ¡no era la oficina sino las personas! La pandemia ha oscurecido a las organizaciones, las ha dejado en tinieblas. Es hora de alumbrar el futuro.

Concluyo ya. Conocí a Juan Manuel Roca hace un par de décadas cuando, joven y valioso reportero, trabajaba como responsable del área de *management* de un periódico económico. Me entrevistó en sucesivas ocasiones con motivo de algunos de mis libros. Mi aprecio se incrementó cuando tuvo la valentía de confesarme que el director de su medio había decidido censurar mi pensamiento. Pero todo aquello es agua pasada. Juanma, por su parte, pronto levantó el vuelo para emprender nuevas aventuras.

Desde su intrépida franqueza, me resulta en la práctica inviable rechazar las propuestas que Juanma me formula periódicamente. Aquí estoy, pues, respondiendo a su solicitud de prologar sus desafiantes aportaciones.

Espero que los lectores aprendan tanto como yo al disfrutar del texto que sigue a estas líneas.

JAVIER FERNÁNDEZ AGUADO
Socio director de MindValue

INTRODUCCIÓN

Acostumbrado a trabajar con mi ordenador en mi habitación o en cualquier mesa, o incluso en el sofá de mi piso, me resultó entre gracioso y curioso empezar a ver, día sí y día también, los comentarios y fotos que empleados y directivos de numerosas empresas colgaban en LinkedIn desde sus casas para mostrar que estaban teletrabajando. Y no lo hacían solos, sino que la mayor parte de esas personas mostraba en esas fotos a sus hijos pequeños, que los «acompañaban» en su jornada laboral en remoto.

Desde luego la escena era entrañable, hasta que, pasadas unas semanas, me comenzó a hastiar. Lo que inicialmente había sido un mensaje casero, poco a poco se fue convirtiendo en un interminable goteo de fotos y más fotos que reflejaban la misma escena. Me resultaba cansino, incluso ridículo en ocasiones; hasta tal punto de que, a las pocas semanas, apenas dos meses después, me descolgué con un breve comentario en LinkedIn a modo de titular periodístico: «Echaremos de menos la oficina».

En realidad no me refería a la oficina en sí, sino a lo que la oficina representa como espacio de encuentro y reunión entre personas. Ese es el alma de cualquier oficina: la conversación en la máquina de café, las dos palabras exprés en el ascensor para evitar el silencio, la interminable espera cuando el ascensor del edificio, en la planta 33, no llega («¿Subís o bajáis?». «Subimos». «Pues nada, yo bajo»), los instantes previos en la sala de reuniones, la breve charla con las personas de la recepción mientras un cliente recién llegado a la empresa observa los relojes colgados en la pared con los husos horarios de Nueva York, Londres, París, Shanghái, Tokio o Singapur...

Es la salsa y el picante de la oficina, el sistema informal, lo que no aparece en la cuenta de resultados ni en el fondo de comercio (ahora «intangibles»), pero que permite que los empleados se reúnan, hablen, rían, comenten, cotilleen... Como les digo a mis alumnos, tanto en Gestión de equipos como en Gestión de conflictos, claro que los cotilleos pueden ser nocivos, tóxicos y provocar un gran daño, pero igualmente se debe fomentar el cotilleo positivo, porque los humanos lo llevamos en nuestra naturaleza como seres sociales.

Pero llegó la pandemia y el «telón» del teatro echó el cierre. De pronto la sala se quedó vacía y el silencio se apoderó del escenario. Fue entonces momento para los mensajes y fotos en redes sociales, aunque, a decir verdad, algo había cambiado para siempre y las consecuencias se han visto en cuanto el telón se ha abierto de nuevo. ¿Acaso ya no hacían gracia los payasos? ¿Acaso el monologuista se había vuelto demasiado repetitivo en sus gracietas? Sea lo que fuere, ya no era lo mismo. Ni mucho menos. Y muchos abandonaron la sala incluso sin pasar por caja para que les devolviesen el dinero. «Menudo coñazo de función. Si lo sé no vengo».

Recuerdo una viñeta graciosa que la profesora de Harvard Business School, Amy Edmonson, publicó en LinkedIn a finales de marzo o comienzos de abril de 2021. La viñeta decía lo siguiente: «Lo siento, pero no me ha gustado esta oferta de tres meses gratuitos en 2021. Me doy de baja».

Sin embargo, apenas poco tiempo después de darse de baja y sin tiempo para suscribirse a otra oferta o plataforma, la llamada a filas: el regreso a la oficina. *They want you back at the office* anunció a bombo y platillo *The New York Times*.[1]

---

1   «*They Want You Back at the Office*», *The New York Times*, April 30, 2021. https://www.nytimes.com/2021/04/30/business/back-to-office-work-coronavirus-pandemic.html

Pero el regreso ha sido un fiasco. Tanto que, sin avisar, ha dado origen a otra pandemia laboral, un éxodo masivo de empleados que han salido escopetados de las empresas, incluso sin saber adónde. El caso era irse. Sálvese quien pueda (no contagiarse).

Una pandemia sanitaria, otra pandemia laboral y, entre ambas, la pandemia mental (salud mental), que se ha colado de rondón por una esquina. Los profesionales, los empleados, incluso los directivos, la han sufrido en carne propia, y los efectos han sido devastadores, pues la pandemia laboral, la gran huida, no deja de ser la consecuencia directa de aquella.

Pero en el fondo de todas esas pandemias periféricas se halla una más profunda y severa: la pandemia del liderazgo, invitado de lujo en este contagio masivo, aunque llevaba ya tiempo sumando puntos para estar en la alfombra roja. Es un virus más silencioso, más sibilino, pero a la postre mucho más dañino, que ataca directamente a la salud mental de todos y, en consecuencia, amenaza directamente al corazón de las organizaciones, comenzando por quienes están al frente de estas: los líderes corporativos.

En realidad, esta suerte de pandemia directiva llevaba ya tiempo pululando por el ambiente, aunque no había sido correctamente abordada. Las consecuencias no han tardado en mostrar su peor cara y la huida de los empleados es solo la punta del iceberg. Y lo peor, ya profetizan algunos, está aún por llegar. Vamos, se aproxima en el horizonte otra pandemia; bueno, no tanto pandemia como guerra: la guerra global por el talento.

Pero en el núcleo del conflicto se halla, en definitiva, el liderazgo, que puede quedar herido de muerte si no se opera a corazón abierto en pleno frente de batalla, porque no da tiempo a montar un hospital de campaña en plena refriega. Hay que abrir y entrar en el corazón para contar la hemorragia lo antes posible y evitar a toda costa una parada cardíaca en las organizaciones.

Este es el panorama a las puertas del quirófano y, por tanto, este es el objetivo de este libro que ahora comenzamos: una travesía o viaje a tumba abierta para salvar al liderazgo de una parada cardiorrespiratoria.

En este libro nos sumergimos a fondo en el liderazgo y en los líderes, en lo que ha pasado (o no se supo advertir a tiempo) y en lo que hay que hacer cuanto antes para restaurar el liderazgo y devolverlo a su lugar de origen, a las personas, de quienes nunca se debería haber alejado. Aislados, incomunicados o quemados, a los empleados no les ha quedado más remedio que buscar refugio incluso a la intemperie, porque la noche cae, el frío arrecia y se avecina un tsunami. El seísmo ya ha ocurrido. Nadie lo esperaba. Ahora solo queda hacer balance de heridos y evitar más daños. En juego está el liderazgo, pero sobre todo las personas, el corazón del liderazgo que ahora están tratando de salvar en el quirófano.

Como siempre, en esta aventura no faltarán obstáculos, sorpresas, tensión y coraje. Es la hora de los valientes. Es el momento para los más osados.

Pero incluso la osadía exige reflexión previa; y no solo la exige sino que la requiere. Incluso el más valiente acabará en al abismo si no atiende al riesgo y anda con tiento. El libro comienza, por tanto, con un rápido vistazo a los riesgos y amenazas, pues hay que estar preparado en el supuesto de que esas amenazas se conviertan en realidad, como ha sido el caso.

El parte de guerra habla por sí solo. Miles de bajas y huidos en combate. Y una guerra global por el talento a la espera. Es la hora del liderazgo.

Lugo, 1 de enero de 2022

CAPÍTULO 1
EL CISNE ERA BLANCO

La población de Davos, en Suiza, apenas supera los 11.000 habitantes. Situada a las faldas de los Alpes, la localidad helvética emana espíritu suizo y germano a partes iguales. De hecho, la página web oficial de la localidad aparece por defecto en alemán, a menos que uno pulse el botón del idioma y cambie al inglés una vez ha entrado en la página.

Sin embargo, durante unos pocos días al año, a finales de enero, no hace falta pulsar ese botón, pues esos días el idioma «oficial» de Davos es el inglés, el idioma de los negocios, del capitalismo; casi del mundo, diría algún comentarista. Es la semana del Foro Económico Mundial, el «Foro de Davos», un evento en el que hay que estar sí o sí; porque «el que no está en Davos simplemente, no está» (ni se le espera), suelen decir los comentaristas.

Durante una semana Davos es la capital del capitalismo, el «Quién es quién» del sistema, el escaparate y faro de los negocios, el punto al que miran todos los focos, cámaras y periodistas. El marco es incomparable: junto al diálogo, debate y reflexión, *networking*, negocios y un paisaje tan cautivador como envolvente; la pasarela perfecta para que los grandes dignatarios, políticos, representantes de los principales organismos económico-financieros y empresariales a nivel mundial y, por supuesto, las mujeres y hombres de negocios, marquen el camino a seguir. En una palabra, el lugar idóneo para el diálogo, la reflexión... y el futuro.

La oferta «cultural» de Davos durante esa semana es tan amplia que pocos altos directivos de primer orden se esconden o pasan de largo o de puntillas. Hay que estar porque la ocasión lo merece (y exige), y el marco, con las cumbres nevadas de los Alpes casi a pie de escenario, es incomparable.

Quizá por ese atractivo lúdico y empresarial, tan reflexivo como ejecutivo, George Kohlrieser, profesor de liderazgo del IMD de Lausana, se lleva a los directivos que participan en el programa de alta dirección *Advanced High Performance Leadership* a Gstaad, otra conocida localidad alpina, para que los altos directivos respiren liderazgo en plena montaña. Es el lugar perfecto para la reflexión estratégica y personal del directivo como líder. Apenas 300 kilómetros separan a Davos de Gstaad, pero en ambas localidades se puede percibir el aroma del capitalismo. Y a mitad de recorrido, Zurich, una de las diez ciudades más caras del mundo, según *The Economist Intelligence Unit*[2].

Davos es especial, sin duda, pero en los últimos dos años algo ha pasado con Davos. Acostumbrado a ser un foro que sirve de guía para los negocios y el capitalismo a nivel mundial, o sea, el sistema, en las ediciones de 2021 y 2022 le ha dado por repetir la palabra «confianza» (*trust*) como centro y núcleo de la discusión. Suena cansino, la verdad. Echando un simple vistazo a los títulos de las dos últimas ediciones de la cita, parece obvio que no solo se trata de «construir confianza» sino de «restaurarla» cuanto antes, a tenor de la situación económica a nivel mundial[3].

---

2   Cfr. «*Worldwide Cost of Living 2021*», *The Economist Intelligence Unit, The Economist,* 6 de diciembre de 2021. https://www.eiu.com/n/campaigns/worldwide-cost-of-living-2021/

3   La edición de 2021 del *World Economic Forum* se tituló «*A Crucial Year to Rebuild Trust*», mientras que la de 2022 se tituló «*Working Together, Restoring Trust*».

¿Por qué tanto énfasis en la palabra «confianza»? ¿Por qué volver sobre el mismo tema un año después? Lejos quedaba ya la reivindicación de la economía *stakeholder* que promulgó la edición de 2020 del Foro de Davos[4]. Y la pregunta en el aire se vuelve incluso más inquietante cuando se constata que la edición de 2021 del conocido *Peter Drucker Forum*, celebrado en Viena en noviembre de 2021, se titulase *The Human Imperative*.

No resulta odiosa la comparación en este caso, pero se puede percibir al momento que en ambas citas el factor confianza está presente; o sea, que es inherente y consustancial al debate. Visto así quizá haya que replantearse la pregunta (o duda) previa, es decir, esa supuesta repetición del término «confianza» en el título del tema del Foro de Davos. ¿Acaso se refiere a la misma confianza o a confianzas diferentes?

Para acercarnos a la respuesta —veremos a lo largo de este viaje si la hallamos—, conviene adentrarnos, por tanto, en el contexto y la intrahistoria del Foro de Davos de 2020. En esa edición, como suele ser habitual, la multinacional PwC presentó la vigésimotercera edición del informe global *Annual Global CEO Survey*, titulado *Navigating the Rising Tide of Uncertainty*. Según el informe, por primera vez, más de la mitad de los altos ejecutivos encuestados por PwC afirmaron que la tasa de crecimiento del PIB a nivel mundial disminuiría. Y «esa cautela se ha traducido en una baja confianza de los directores ejecutivos en la perspectiva de su propia organización»[5]. Es más, solo el 27 % de los directores ejecutivos tenía «mucha confianza» en sus perspectivas de crecimiento de los ingresos en 2020, el nivel más bajo desde

---

4   La edición del *World Economic Forum* de 2020 se tituló «*Stakeholders for a Cohesive and Sustainable World*».

5   Cfr. «*Navigating the Rising Tide of Uncertainty*», 23rd *Global CEO Survey*, PwC, 2020, p. 3.

2009; es decir, desde la crisis financiera mundial que se llevó por delante al gigante Lehman Brothers, entre otros.

Los datos del informe, sin ser catastrofistas o alarmantes, mostraban un paulatino deterioro en la actividad, un agotamiento o «pesimismo» que se venía acrecentando desde 2018. ¿A esto se refería Davos cuando hablaba de «construir la confianza» deteriorada? Bueno, no parece que la situación fuese tan dramática. Los datos, de hecho, aún mostraban signos de vitalidad. La fortaleza del sistema estaba siendo puesta a prueba, pero mantenía el tipo. Así lo constató un informe del Banco Mundial, publicado también a comienzos de 2020. Según el organismo financiero, se preveía que el crecimiento mundial aumentase un 2,5 % en 2020, una décima más que en 2019 (2,4 %). Ahora bien, advertía el organismo, las economías avanzadas se desaceleran como grupo y descienden del 1,6 % al 1,4 %. En suma, no tormenta, pero sí nubarrones en el horizonte. De hecho, el título del informe del Banco Mundial, *Slow Growth, Policy Changes*, dejaba constancia de que la economía empezaba a gripar y era necesario tomar cartas en el asunto.

En el fondo, el informe del Banco Mundial había puesto ya datos concretos a lo que desde 2019 se había empezado a denominar *slowbalization*[6]. Y, cuando la situación se enfría, se vuelve la mirada sobre los riesgos (o se empieza a mirar con más detalle a los posibles riesgos en el horizonte). *Just in case...*

Curiosamente, apenas unos días antes de la celebración del Foro de Davos de 2020, la multinacional Marsh había publicado su informe de riesgos globales, cuyos resultados se presentaron fechas después en el Foro. La tabla 1.1 muestra los resultados del informe de Marsh.

---

6   El concepto de *slowbalization* fue acuñado por la revista *The Economist* en junio de 2019. Cfr. «*The Steam Has Gone out of Globalization*», *The Economist, June* 24th, 2019.

Tabla 1.1. Principales riesgos a nivel global (2020)

PRINCIPALES RIESGOS (POR PROBABILIDAD)		PRINCIPALES RIESGOS (POR IMPACTO)	
1.	Calentamiento global extremo	1.	Enfermedades infecciosas
2.	Fracaso en la acción climática	2.	Fracaso en la acción climática
3.	Daño humano al medioambiente	3.	Armas de destrucción masiva
4.	Enfermedades infecciosas	4.	Pérdida de la biodiversidad
5.	Pérdida de la biodiversidad	5.	Crisis de recursos naturales
6.	Concentración del poder digital	6.	Daño humano al medioambiente
7.	Desigualdad digital	7.	Crisis de subsistencia (calidad de vida)
8.	Fractura de relaciones entre estados	8.	Calentamiento global extremo
9.	Fallo de ciberseguridad	9.	Crisis de deuda
10.	Crisis de subsistencia (calidad de vida)	10.	Ruptura de la infraestructura tecnológica

Fuente: *Global Risk Report*, Marsh, *January* 2020.

Un simple vistazo al informe de Marsh pone de manifiesto la preeminencia del cambio climático como el gran desafío a nivel global. La emergencia climática ha presidido la agenda corporativa y gubernamental a todos los niveles en los últimos años; es el gran desafío. De hecho, los tres principales riesgos del informe hacían referencia al cambio climático y, por ende, a la sostenibilidad. La edición de 2020 del Foro de Davos apuntaba, de hecho, en esta dirección. «La gente se está levantando contra las élites económicas porque creen que los han traicionado y nuestros esfuerzos por limitar el calentamiento global a 1,5 grados centígrados se están quedando cortos de forma peligrosa», advertía Klaus

Schawb, fundador y presidente ejecutivo del *World Economic Forum*[7].

Sin embargo, una lectura más sosegada del informe de riesgos aporta nuevos datos que a la postre han resultado definitivos. Si analizamos la probabilidad de los riesgos, junto a los que hacen referencia al cambio climático aparece el riesgo de enfermedades infecciosas (o pandemias). Pero lo relevante es que es precisamente ese riesgo el que encabeza la lista de los riesgos con mayor impacto potencial a nivel global, incluso por encima de los que hacen referencia a la emergencia climática.

El contraste –o paradoja– resulta más evidente si se analizan los datos del informe global de PwC presentado en el Foro de Davos de 2020, que incluía un apartado específico sobre las grandes amenazas globales (tabla 1.2).

El informe de PwC describía un escenario incierto en todos los ámbitos, ya fuese en el político o el económico y empresarial. No obstante, a diferencia del informe de Marsh, no aparecen el cambio climático ni las enfermedades infecciosas; si acaso, el populismo y el proteccionismo, problemas al alza a nivel social y económico en los últimos años.

Pero todo cambió el 11 de marzo de 2020.

Ese día, la Organización Mundial de la Salud, a través de su director general, Tedros Adhanom Ghebreyesus, anunció lo que empezaba a ser una realidad más allá de una alejada y desconocida localidad china llamada Wuhan. Lo que inicialmente se había percibido como una infección aislada, local y remota en un instante se convirtió en una pandemia global.

---

7   Cfr. «*Davos 2020: World Economic Forum Announced the Theme*», *World Economic Forum, October* 17th, 2019. https://www.weforum.org/agenda/2019/10/davos-2020-wef-world-economic-forum-theme/

Tabla 1.2. Principales amenazas a nivel global (porcentaje)

10 PRINCIPALES AMENAZAS (2019)	10 PRINCIPALES AMENAZAS (2020)
1. Exceso de regulación (35 %)	1. Exceso de regulación (36 %)
2. Incertidumbre política (35 %)	2. Conflictos comerciales (35 %)
3. Disponibilidad de habilidades clave (34 %)	3. Incertidumbre del crecimiento (34 %)
4. Conflictos comerciales (31 %)	4. Ciberamenazas (33 %)
5. Incertidumbre geopolítica (30 %)	5. Incertidumbre geopolítica (33 %)
6. Proteccionismo (30 %)	6. Disponibilidad de habilidades clave (32 %)
7. Populismo (28 %)	7. Incertidumbre geopolítica (30 %)
8. Velocidad del cambio tecnológico (28 %)	8. Velocidad del cambio tecnológico (29 %)
9. Volatilidad del tipo de cambio (26 %)	9. Proteccionismo (28 %)
10. Incremento de la carga fiscal (25 %)	10. Populismo (27 %)

Fuente: PwC, *23rd Annual Global CEO Survey* (*January* 2020).

Ese día, en esa fecha (de nuevo, un día 11), todo cambió. Adhanom Ghebreyesus se mostró en rueda de prensa «profundamente preocupado» por los «niveles alarmantes de expansión e inacción» de los contagios de un nuevo virus, el COVID-19, que, como dijo ese día, «puede ser catalogado como una pandemia»[8]. Todo había cambiado para siempre, aunque nadie era aún consciente de ello.

El mundo andaba ya por entonces inquieto, nervioso, agitado. A partir de ese momento, el planeta entero entró en pánico. «¡El cisne negro! ¡Es el cisne negro!». Ese fue el grito tan instantáneo como unánime en numerosos lugares

---

8 «*Coronavirus Confirmed as Pandemic by World Health Organization*», *BBC News, March* 11, 2020. https://www.bbc.com/news/world-51839944

del mundo. Pero, por desgracia, nadie lo había entendido; así que Nassim Nicholas Taleb, autor del famoso libro *El cisne negro*, se vio obligado a tomar la palabra en primera persona para aclarar la situación:

«El COVID no es un cisne negro; no se llama cisne negro a algo que ya ha aparecido en las películas. Es un cisne blanco; el hecho de que no tuviéramos una pandemia durante casi 100 años es el cisne negro real. No tienes un cisne negro cuando las películas hablan de pandemias. En mi libro 'Black Swan', en la página 307, expliqué que, debido a la conectividad extrema, tales pandemias son inevitables»[9].

No resulta extraño que el propio Taleb especifique hasta la página exacta de su libro en la que deja claro lo que es (y no es) un cisne negro. En más de una ocasión se ha mostrado irritado al ver cómo todos los analistas y comentaristas hacían un uso incorrecto del concepto «cisne negro» que, en el fondo, no era más que la manifestación de un sistema global «frágil»[10].

El argumento de Nassim Nicholas Taleb era tan simple como obvio: no puedes llamar «cisne negro» a algo que ya ha ocurrido antes, y desde luego el COVID-19 no es la primera pandemia (ni será la última). La tabla 1.3 muestra, en este sentido, las pandemias que han azotado a diferentes partes del mundo desde el año 2000.

Un simple vistazo a la tabla deja constancia de que no hace falta remontarse a la plaga de Atenas (siglo V a.C.) o la peste de Cipriano (siglo II d.C.) para entender que las plagas y las pandemias siempre han estado ahí, que no son nuevas

---

9   Vid. *«IEC 2021: COVID Was Not 'Black Swan' Event, says Nassim Nicholas Taleb», ET Now Digital,* March 22, 2021.

https://www.timesnownews.com/business-economy/economy/article/iec-2021-COVID-was-not-black-swan-event-says-nicholas-taleb/734780

10   Vid. *«The Pandemic isn't a Black Swan but a Portent of a More Fragile System», The New Yorker,* April 21, 2020.

ni mucho menos. Lo único que ha cambiado es el alcance global del COVID-19, precisamente por estar en un mundo globalizado que, para algunos, se ha desglobalizado a consecuencia de la pandemia.

Tabla 1.3. Pandemias desde 2000

AÑO	EPIDEMIA O PANDEMIA
2003	SARS
2005	Gripe aviar
2009	Pandemia gripal (Gripe A)
2014	Ébola
2015	Virus Zika
2016	Cólera (Yemen)
2018	Ébola (Congo)
2019	COVID-19

Fuente: Organización Mundial de la Salud.

El cisne era blanco, en definitiva. Pero, si es así, ¿qué ha sucedido para que todo el mundo lo haya visto como un cisne negro cuando en realidad no lo era? ¿Ceguera? Yo mismo en mis clases lo he definido como un cisne negro y la opinión pública así lo ha entendido.

Para encontrar respuesta a esta confusión conviene volver al origen, es decir, a los riesgos o, para ser exactos, a la gestión de estos (no solo desde una perspectiva estratégica sino humana o psicológica).

Los informes ponen sobre la mesa los principales riesgos a los que se pueden enfrentar las corporaciones o los Gobiernos en un escenario tan cambiante como el actual. Todos los actores actúan sobre los riesgos más sobresalientes, los que encabezan la lista. Sobre ellos ponen a trabajar a todo su equipo, pues la amenaza es real. Los tests de estrés son la consecuencia directa de esta forma de gestionar, clave en el contexto actual.

Pero quizá el verdadero riesgo no esté tanto en los riesgos visibles, los que aparecen en la lista en el top 10, sino en aquellos riesgos «invisibles», inadvertidos de antemano; esa suerte de enemigo «sin forma ni sonido» que avistó Sun Tzu en *El arte de la guerra*. El COVID-19 no tenía forma, no aparecía en la escena, aunque sí asomaba ya en el radar como el riesgo con mayor impacto potencial a nivel global. En pocas palabras, la gestión de riesgos no vio el verdadero riesgo; se quedó en la superficie, en los riesgos visibles, pero no supo anticipar «el impacto de lo altamente improbable» que proclama Nicholas Taleb. A decir verdad, era mucho más probable de lo imaginado porque era un fenómeno que ya había sucedido en repetidas ocasiones en el pasado.

La reflexión previa lleva a otra de mayor calado estratégico. La tesis no es menor. La lectura y análisis de los riesgos deben invertirse por completo para prestar atención a los riesgos que aparecen a la cola, o que simplemente no aparecen. En el caso del informe de PwC, el riesgo pandémico no figura entre los quince mayores riesgos a nivel mundial, y sin embargo ha sido el riesgo que mayor impacto ha tenido en un menor espacio de tiempo.

Todas las organizaciones y directivos son conscientes de los riesgos climáticos, económicos, de ciberseguridad... pero casi nadie advierte los riesgos ocultos que irrumpen en la sala sin llamar previamente. Por desgracia, cuando se identifica la presencia del intruso que no aparece en la lista de invitados es demasiado tarde. A esas horas el pánico se ha apoderado ya de todos los presentes.

«Un año después nos encontramos sus garras», advirtió el informe de PwC *Global Annual CEO Survey* en su edición de 2021, que describió el impacto del *shock* a nivel mundial en términos muy similares a los empleados por Nassim Nicholas Taleb. El sistema tenía grietas y fisuras que nadie había advertido con antelación:

«La pandemia ha puesto al descubierto deficiencias fundamentales en nuestro sistema, debilidades en los modelos operativos de negocio y desafíos que darán forma a nuestro mundo en el futuro. También ha desatado energía y creatividad, ya que los líderes buscan soluciones duraderas a estos problemas»[11].

El breve comentario del informe de PwC apunta ya a una palabra que tendrá protagonismo y relevancia en este libro: energía. Pero, en general, destaca el impacto de lo que nadie se podía imaginar. La reacción es global e inmediata, a tenor de los resultados del informe sobre amenazas globales realizado por la consultora. La tabla 1.4 muestra el vuelco de prioridades en la agenda de los CEOs. Ante la pregunta sobre en qué medida se muestran preocupados por las amenazas sociales, políticas, económicas y medioambientales, y el impacto potencial en sus negocios, los directivos lo tienen claro.

El contraste es más que notable. Si en el informe de PwC 2020 la pandemia no aparecía entre los riesgos o preocupaciones más acuciantes, en 2021 figura como la primera preocupación de los ejecutivos. El cambio, tan súbito como drástico, confirma una premisa previa, anunciada por el informe de riesgos de Marsh pero inadvertida por la mayoría: no se trataba tanto de la importancia del riesgo como de su impacto potencial si se convertía en una realidad.

Esa es la clave de bóveda que la mayoría no advirtió. Y el impacto se dejó sentir, sin ir más lejos, en Davos, cuya edición de 2022 se trasladó de enero «a comienzos del verano», como anunció el organismo[12] en diciembre de 2021.

---

11   Cfr. *«A Leadership Agenda to Take on Tomorrow»*, 24th *Annual Global CEO Survey*, PwC, 2021, p. 2.

12   Vid. *«World Economic's Annual Meeting 2022 Deferred»*, nota de prensa, *World Economic Forum*.

Tabla 1.4. Principales amenazas a nivel global en 2021 (porcentaje)

AMENAZA	PORCENTAJE (%)
Pandemia y crisis sanitaria	52 %
Ciberataques	47 %
Exceso de regulación	42 %
Incertidumbre política	38 %
Crecimiento económico incierto	35 %
Populismo	31 %
Incierta política de impuestos	31 %
Aumento de la tasa impositiva	30 %
Cambio climático	30 %
Desinformación	28 %

Fuente: *24th Annual Global CEO Survey*, PwC, 2021.

En realidad, ese anuncio no fue más que el impacto del impacto, o el cambio del cambio, pues un año antes, en 2021, la organización, ante el alcance global de la pandemia, había decidido celebrar el evento previsto de forma presencial en Singapur en agosto, meses después de celebrar un encuentro virtual en Davos. Fueron los denominados «Diálogos de Davos», una suerte de aperitivo del evento en formato breve.

«Una cumbre de liderazgo mundial es de crucial importancia para abordar cómo podemos recuperarnos juntos», dijo en ese momento Klaus Schwab, fundador y presidente ejecutivo del Foro Económico Mundial, que confiaba entonces en volver a celebrar el Foro en 2022 en Davos de forma presencial.

Cuando hizo esas declaraciones, Schwab aún no era consciente del impacto real del COVID-19. Todo había cambiado ya para siempre, comenzando por el liderazgo al que él se refería. Esa era la nueva misión, recuperar el liderazgo, pero el desafío se presentaba mucho más arduo de lo que nadie podía haber imaginado. Pocos meses antes, Schwab, consciente ya del verdadero impacto de la pandemia, publicó *COVID-19: The Great Reset*[13]. El mundo se hallaba en plena oscuridad y era el momento de comenzar de cero. Si la edición de 2020 del Foro de Davos había girado alrededor de la confianza, ese concepto adquiría ahora una connotación mucho mayor a nivel personal, empresarial y colectivo. El comentario de Schwab era rotundo; un puñetazo en la mesa tan lleno de rabia como de inquietud:

«Muchos nos planteamos cuándo las cosas volverán a la normalidad. La respuesta es simple: nunca. […] El mundo tal y como lo conocíamos a comienzos de 2020 ha terminado, disuelto en el contexto de la pandemia. Se están produciendo cambios radicales de tal naturaleza que algunos han comenzado a hablar de 'antes del Coronavirus' (a.C.) y 'después del Coronavirus' (d.C.)»[14].

La alusión al «antes del coronavirus» y «después del coronavirus» lleva a Schwab a describir el impacto del cambio casi desde una dimensión bíblica. Se sumerge no solo en los orígenes de la palabra «cuarentena» sino también se remonta a la peste negra del siglo XIV, lo cual no deja de dar la razón, una vez más, a Nassim Nicholas Taleb: el cisne era blanco, no negro. En esa introspección, Schwab va incluso más allá y se adentra en las consecuencias psicológicas y emocionales que una pandemia de esta naturaleza provoca en la ciudadanía. *«Las pandemias, por naturaleza, dividen y causan un trauma»*[15], una afirmación que va a tener mucho recorrido en este libro, como lo ha tenido a nivel mun-

---

13   Schwab, Klaus y Malleret, Thierry, *COVID-19: The Great Reset, Forum Publishing, Geneva,* 2020.

14   Íbidem.

15   Íbid

dial en el último año. Pocos meses después, *The Great Reset* daría paso a otro *The Great*.

Entre ambos momentos –o fenómenos–, una palabra, liderazgo, y un desafío al que casi nadie se había enfrentado con anterioridad. Un territorio tan desconocido como incierto, un máster acelerado sobre el terreno; en suma, el examen final:

«Las personas valientes no tienen menos miedo que el resto; en cambio, han aprendido a vivir con sus miedos mientras actúan. La curva de aprendizaje es larga y está marcada por momentos de terror. Pero actuar con coraje se vuelve más fácil con cada lección. [...] El desafío no solo tiene que ver conmigo como persona sino como líder de la organización. Cuando te enfrentas a circunstancias problemáticas, alinear lo que haces con la misión y los valores de tu institución se convierte en algo crucial. Recubre de acero tu columna vertebral»[16].

Es aquí donde la energía adquiere un nuevo sentido, como se verá a lo largo de estas páginas:

«La mayor parte de lo que permite a los líderes liderar se aprende. El liderazgo no es una actividad con mucho misterio. [...] La reserva de talento y energía humana todavía no utilizada es enorme y aprender a aprovechar esa reserva de forma más eficaz es una de las tareas más excitantes que tiene por delante la humanidad. Y entre las habilidades desaprovechadas están las dotes o los dones del liderazgo»[17].

A la vista de los hechos, vemos de forma preclara el choque sin remisión de dos fuerzas contrapuestas: la in-

---

16 Hennessy, John L., *Leading Matters. Lessons from my Journey, Stanford Business Books, Stanford University Press*, Stanford, California, 2018, pp. 56-57.

17 Gardner, John W., *On Leadership, The Free Press, New York*, 1990, p. XIX.

certidumbre de una pandemia nunca antes vista frente a la energía humana, de la que deben echar mano los líderes, y en general cualquier persona, para hacer frente al desafío planteado. En tales circunstancias ya no se trata solo de «hacer», lo que por supuesto es necesario, sino de «ser», pues el desafío del COVID-19 ha atacado directamente al «ser», a la persona, más allá del puesto. Más que nunca se hace necesario *«elevar el 'ser' al mismo nivel que el 'hacer'»*[18], una característica mental que ha hecho de esta crisis algo único:

«La pandemia es un desafío para las empresas y los CEOs diferente a cualquier otro que al que se hayan enfrentado con anterioridad [...]. Solo los CEOs pueden decidir si continúan liderando como han hecho hasta ahora o, por el contrario, lo hacen de una forma nueva, y, al hacerlo, aprovechan una oportunidad única para desarrollar conscientemente la naturaleza y el impacto de su función»[19].

Un desafío nuevo y diferente que exige un nuevo liderazgo, una nueva forma de liderar, e incluso una nueva forma de entender el liderazgo. Es el momento de replantearse todo, desde el futuro del trabajo al futuro del liderazgo y, sobre todo, el futuro de las personas en el trabajo; o el futuro del trabajo y del liderazgo para las personas.

No hay duda de que la pandemia global obliga a repensar el liderazgo. Pero, antes de profundizar en esa reflexión, el COVID-19 deja un mensaje rotundo desde el punto de vista del riesgo.

Si echamos la vista atrás, en apenas veinte años la humanidad ha vivido tres crisis que han tenido un impacto a todos los niveles, y la secuencia se repite de forma nítida cada diez años. En 2001, el atentado terrorista de las Torres

---

18   Vid. *The CEO Moment: Leadership for a New Era, McKinsey Quarterly*, McKinsey, *July* 21, 2020.

19   Íbidem.

Gemelas en Nueva York marcó para muchos el comienzo del siglo XXI. A finales de 2008, y sobre todo en 2009-2010, la crisis financiera mundial puso en jaque al capitalismo como sistema. Y desde 2020 vivimos una «guerra» global contra el COVID-19. Una crisis terrorista (geopolítica), una crisis financiera y una crisis sanitaria y social.

La secuencia marca una pauta clara: cada diez años —incluso algo menos— una gran crisis ha puesto en jaque al sistema. Como telón de fondo se encuentra el cambio climático, pero bajo ese enorme paraguas cuelgan crisis que van surgiendo de forma incesante. No era un cisne negro, sino la constatación de los múltiples cisnes blancos que campan a sus anchas de forma inadvertida. Y el liderazgo es la respuesta unívoca a todos ellos.

En mitad de la crisis es necesario, por tanto, comenzar a pensar en el renacimiento del liderazgo: «*La renovación del liderazgo es necesaria. Los líderes deben entender cómo y por qué se ponen en marcha los sistemas. [...] El liderazgo transaccional acepta y trabaja dentro de la estructura actual. El liderazgo transformacional renueva o regenera esa estructura*»[20]. En suma, refundar el liderazgo. Ha llegado el momento de replantear el liderazgo en medio del ocaso y la oscuridad, y ello implica ir al fondo de la cuestión: ¿qué es el liderazgo? O, dicho de otra manera, ¿quién es el líder? En este caso, el quién (sujeto) es consustancial al qué (objeto).

En los programas de liderazgo que imparto en diferentes instituciones académicas suelo comenzar precisamente con esa pregunta, «¿Qué es el liderazgo?», cuestión a partir de la cual busco promover el debate entre los participantes (tabla 1.5).

---

20   Gardner, John W., Op. cit. P. 122.

Tabla 1.5. ¿Qué es el liderazgo?

• Una vocación o llamada interior
• Una posición
• Un rol
• Un título
• Una visión y misión
• Un viaje
• Una responsabilidad
• Un mandato
• Un trabajo (cometido o tarea)
• Un arte
• Una ciencia
• Un servicio
• Un destino
• Una vida
• Un privilegio
• Un regalo
• Un don
• Un legado
• Un mito
• Un «fake»

El debate entre los alumnos se vuelve una conversación cautivadora que acaba cambiando irremediablemente el qué por el quién, en una suerte de viaje que inapelablemente implica algo tan simple como definitivo: que el liderazgo es la persona, el líder. En pocas palabras, que el quién determina el qué. Y no solo determina el qué entendido como liderazgo, sino el qué entendido como contexto.

El contexto determina al líder, pero el líder da forma al contexto. Y precisamente es en este punto donde la situación actual se vuelve dramática, casi un punto de inflexión, para el liderazgo, porque es ahora, en mitad de la crisis mundial provocada por la pandemia y el impacto que ha supuesto a todos los niveles, cuando los líderes deben ponerse manos a la obra para configurar el contexto futuro y, con ello, el futuro del liderazgo. Esa es su misión, porque, a la postre, el liderazgo es una responsabilidad que se lleva a cabo en forma de servicio. Esa debe ser la respuesta de los líderes a la crisis actual: un cometido en el que deben poner todas sus energías, porque hay mucho en juego.

En suma, el liderazgo es todo, y a la vez nada. Conviene pues no tomárselo demasiado en serio, no vaya a ser que nos empachemos de liderazgo. Como ha dicho Dean Williams, *«no te lo tomes como algo personal, aunque lo es»* y, en mitad del huracán de la pandemia, *«cuando las fuerzas de la oscuridad se ciernen sobre ti, reconecta con tu sentido de propósito más elevado»*[21].

De nuevo volvemos a la casilla de salida, a uno mismo, porque el liderazgo es personal; así que recuéstate en el sofá y reflexiona en torno a las preguntas que aparecen en la tabla 1.6. Todas ellas apuntan a la persona, al interior, al corazón del liderazgo; porque, en pleno abismo, lo urgente es abordar el liderazgo como una operación a corazón abierto.

Tanto importa la reflexión como la honestidad con que se asume esa reflexión, pues ambas se necesitan para dar forma al futuro del liderazgo, en un momento en que un «enemigo» casi invisible ha desafiado no solo al liderazgo sino a todos, comenzando por los líderes, nunca antes expuestos a un escenario como el actual:

---

21   Williams, Dean, *Leadership for a Fractured World, Berrett-Koehler Publishers*, Oakland, CA, 2015, pp. 189 y 191.

Tabla 1.6. Cuestionario sobre la llamada interior al liderazgo

• ¿Has nacido para liderar?
• ¿Sientes una llamada interna para liderar?
• ¿Estás, de hecho, llamado a liderar?
• ¿Quieres liderar? ¿Quieres ser líder?
• ¿Estás preparado para liderar? ¿Estás listo para liderar?
• ¿Te atreves a liderar?
• ¿Estás (pre)destinado a liderar?
• ¿Estás decidido a liderar?
• ¿Estás ansioso por liderar?
• ¿Tienes miedo a liderar?
• ¿Tienes miedo a fracasar como líder?

«La crisis del COVID-19 es un evento único en un siglo, y ninguna capacitación o experiencia en recesiones anteriores ha preparado a los directores ejecutivos para ello. […] En el contexto empresarial, los CEOs han tenido que hacer frente a demandas extraordinarias; para ellos, la pandemia ha sido la prueba definitiva de liderazgo»[22].

Más que nunca, los líderes han experimentado en primera persona, nunca mejor dicho, la soledad del líder: *«Como CEO, se espera que te ocupes de todos, pero ¿quién se ocupará de ti? La fatiga puede nublar tu juicio e interferir con tu capacidad para procesar la información y permanecer sensato»*[23]. De nuevo, la soledad llama a la puerta de las energías (o pide auxilio a estas).

---

22 Vid. *The Thoughest Leadership Test, Mckinsey Quarterly, May* 28, 2020.

23 Íbidem.

En definitiva, el desafío del liderazgo no tiene precedentes:

1. Un enemigo desconocido y (casi) invisible.
2. Sin preparación previa para afrontar esta situación (a no ser que dejes el programa de alta dirección y, en su lugar, te apuntes a la «Semana del infierno» –*Hell week*– de los *Navy Seals*).
3. Solo (y ahora, más que nunca, aislado) en la, valga la redundancia, soledad del líder.
4. Con energías menguantes, o directamente sin energías (el estrés y el «queme» asoman en el horizonte).

En suma, liderar al borde del precipicio, sin oxígeno ni arnés. Y todo por un virus que se ha colado de rondón en la fiesta. Es la prueba de fuego definitiva. Toca armarse de valor y pisar las brasas.

En primera línea de combate

Como ha dicho Norman Douglas, «*hay cosas que no puedes aprender de otros. Tienes que atravesar el fuego*». En eso consiste liderar al borde del abismo.

El 11 de septiembre de 2001 no solo hubo fuego sino caos, el vacío. Y la soledad del líder. Pero el medio del infierno no es lugar para excusas sino para la determinación. El expresidente de Estados Unidos, George W. Bush, lo vivió en sus carnes:

«Mi primera reacción fue de indignación. Alguien se había atrevido a atacar Estados Unidos. Iban a pagar. Luego miré las caras de los niños frente a mí [en el colegio que estaba visitando]. *Pensé en el contraste entre la brutalidad*

de los atacantes y la inocencia de esos niños. Millones como ellos pronto contarían conmigo para protegerlos. Estaba decidido a no defraudarlos»[24].

No era otro momento más sino «el» momento. Bush fue consciente de ello al instante:

«Vi a los reporteros al fondo de la sala. Todos se estaban informando de las noticias en sus teléfonos celulares y buscapersonas. El instinto entró en acción. Sabía que mi reacción sería grabada y transmitida por todo el mundo. La nación estaría en estado de 'shock'; el presidente no podía estarlo. Si salía precipitadamente asustaría a los niños y enviaría oleadas de pánico por todo el país. La clase continuó, pero mi mente se alejó del aula»[25].

El título de las memorias de George W. Bush, *Decision Points*, resume el momento. El presidente de EE.UU., *commander in-chief* del Ejército, debe actuar como tal. Era el momento de la decisión definitiva. No había tiempo para la parálisis o el bloqueo mental. La reacción debía ser no solo rápida sino contundente. Más que nunca el líder estaba en primera línea de fuego. Bush se vistió en ese momento de comandante en jefe y dirigió un mensaje directo en su primera rueda de prensa después de los atentados: *«La libertad ha sido atacada esta mañana por unos cobardes sin rostro, y la libertad será defendida. [...] La determinación de nuestra gran nación está siendo puesta a prueba. No lo duden. Le mostraremos al mundo que pasaremos esta prueba[26]».*

El mensaje de McKinsey a este respecto es rotundo: *«Los CEOs pueden sentirse solos en la cima, pero necesitan*

____

24   Vid. *«Why Bush Kept Reading my Pet Goat in Sarasota»*, *The International Hearld Tribune, December* 16, 2010.

25   Íbidem.

26   Cfr. Extracto de la declaración institucional de George W. Bush en su primera intervención pública tras los atentados del 11 de septiembre.

salir de su propio bloqueo para afrontar las situaciones críticas»[27]. En pocas palabras,

- √ Puedes tener miedo, y lo tendrás.
- √ Puedes tener dudas, y las tendrás.
- √ Puedes sentirse inseguro, y lo estarás.
- √ Puedes sentir que no tienes respuestas (ni siquiera palabras), y lo experimentarás en primera persona.
- √ Y ten por seguro que estarás estresado e incluso puedes entrar en pánico. Pero nunca jamás te puedes quedar paralizado. Porque liderazgo significa acción. Incluso en el peor momento, sin fuerza ni energías, los líderes, lejos de quedarse sentados, dan un paso al frente y siguen adelante, pase lo que pase.

George W. Bush vivió su «cisne negro» particular el 11 de septiembre, pero, de nuevo, ¿acaso fue aquel atentado, tan inimaginable como impactante, un cisne negro? Estados Unidos ya lo había vivido medio siglo antes en Pearl Harbour... El cisne parecía negro por la vasta y densa humareda, pero era blanco y encendió la mecha del liderazgo en mitad del caos.

En pleno caos emergió también Tony Blair, ex primer ministro del Reino Unido, cuando el 5 de julio de 2005 otro atentado terrorista en Londres sacudió todo el país. De nuevo, el terror, la incredulidad, la parálisis, el desánimo. De nuevo, la soledad del líder. De nuevo el líder frente al abismo. De nuevo la respuesta. Determinación en acción:

---

27   *Vid. The Thoughest Leadership Test, McKinsey Quarterly*, Op. cit.

«*Pensé inconscientemente en todas las veces que he estado allí y lo imaginé ahora en mi mente: el autobús, con el techo volado; extremidades, huesos y sangre esparcidos por todas partes. ¿Y para qué? ¿En el nombre de Dios? La ira, la piedad y la determinación se entrelazaron. Elimina las emociones, solo piensa. Hazte cargo de la magnitud de la tragedia, interioriza las emociones del país. Ya habrá tiempo para llorar más tarde. Pero ahora tú eres el líder, así que lidera*»[28].

Una vez más, decisión, resolución y determinación. En suma, liderazgo. Pero Tony Blair da un paso adelante en este viaje del liderazgo que estamos emprendiendo. Asume su papel de líder en el momento más crítico, pero no esconde el impacto social de la tragedia y cómo esta va a afectar psicológica y emocionalmente a la población.

Ese *shock* social representa el comienzo de la otra pandemia, que poco a poco, de forma silenciosa, ha ido adquiriendo mayor peso a nivel mundial: *The great resignation*. Pero esa ha sido la consecuencia. El impacto de la pandemia había llegado ya mucho antes, y sus síntomas eran más que apreciables a los pocos meses. Un informe de la OCDE refleja que, entre marzo y abril de 2020, el porcentaje de población con síndromes de ansiedad se disparó a nivel mundial con respecto a las cifras anteriores a la pandemia (los datos referentes a la depresión son muy similares). El efecto fue especialmente acusado en México, donde, según el informe, el porcentaje de personas con ansiedad se triplicó esos meses, hasta llegar casi al 50 % de la población. Por su parte, Canadá, que cuenta con uno de los índices de depresión más bajos del mundo, cuadriplicó la cifra de afectados y pasó de apenas el 5 % de la población al 20 % durante esos dos meses[29].

---

28   Blair, Tony, *Memorias*, La esfera de los libros, Madrid, 2011.

29   Cfr. «*Health at a Glance: Europe 2020. State of Health in the EU*

La pandemia silenciosa

Nadie ha escapado a los efectos de la «otra» pandemia. No hay vacuna (aparente) contra esa plaga silenciosa. El *coach* ejecutivo Pam MacDonald ha visto en primera persona los efectos de la pandemia en los altos ejecutivos con los que trabaja: «*Tres CEOs se han puesto a llorar en una conversación telefónica conmigo*». Pero llorar en la jungla directiva es un síntoma de flaqueza, algo que ningún ejecutivo se puede permitir. Como añade MacDonald, «*nadie quiere mostrar ni dejar traslucir su vulnerabilidad por miedo a convertirse en la sangre en el agua que los tiburones olerán, perseguirán y atacarán*»[30].

El comentario de MacDonald abre numerosas vetas. Por un lado deja constancia del «baile de máscaras» que caracteriza a menudo el mundo corporativo, donde la imagen de fortaleza (el macho alfa) ha jugado tradicionalmente un papel primordial. Al mismo tiempo desenmascara esa pose, detrás de la cual muchas veces se esconden la debilidad, las inseguridades, así como las dudas o miedos de cualquier persona, sea o no directivo.

Más que paradoja, este hecho refrenda la cruda realidad de la pandemia desde un punto de vista mental. Es la gran paradoja, que en realidad no tiene nada de paradójico: la fortaleza y dureza mental de los CEO es extraordinaria, pero incluso ellos se han visto abrumados y superados por el COVID-19. Es por tanto hora de que los líderes recarguen las baterías desde el interior. En pocas palabras, por muy macho alfa o Superman que se crea uno, todos tenemos un límite.

Cycle», OECD report, OECD, European Union, 2020.

30 «*'I Had Three CEOS on the Phone to me Crying'. Leaders' Mental Health Needs Urgent Attention*», *The news site of Australian HR Institute, April* 14, 2021.

Ese es uno de los mensajes que está dejando la pandemia al mundo corporativo: la era de los machos alfa ha terminado. Superman ha muerto.

La tarea pendiente requiere, por tanto, atención urgente: pasar del «hacer» al «ser». No hay tiempo que perder para cambiar los términos de la ecuación –si no toda la ecuación– del liderazgo. Y el mensaje no llega ahora desde las periferias, sino desde el corazón del liderazgo corporativo y, por ende, del capitalismo. Hace poco más de una década el sistema estuvo a punto de venirse abajo; ahora es el momento de re-enfocar el liderazgo, la semilla del sistema. Como ha dicho David Schwimmer, director ejecutivo del grupo de la Bolsa de valores de Londres:

«La gente busca en mí un estilo diferente de liderazgo. En un entorno normal se trata del liderazgo empresarial y el establecimiento de una estrategia, así como de la cultura y las decisiones de las personas. En este entorno se trata de ayudar a las personas a mantener la moral. Se trata de que las personas estén preparadas para lo que pueda surgir frente a la incertidumbre»[31].

En medio de la oscuridad, Schwimmer enciende el faro del nuevo liderazgo para hacer frente a la incertidumbre reinante. El nuevo escenario cierra una etapa dominada por el poder y abre una nueva, caracterizada por la moral. En pocas palabras, del poder a la humanidad del líder, o sea, el liderazgo humano que pone a las personas en el centro.

Alain Bejjani, CEO de Majid Al Futtaim, se atreve a transitar de un lado a otro del puente sin agarraderas ni sujeciones de ningún tipo, casi un salto mortal que empieza a abrir la senda del futuro del liderazgo: *«La gente a la que diriges tiene grandes expectativas de ti. Quieren que seas*

---

31 *«Reliability in Times of Crisis: An Interview with LSEG's David Schwimmer», Interview, McKinsey Quarterly, August 6, 2020.*

perfecto y a menudo se olvidan de que eres humano. Pero cuanto más humano eres con ellos, más confianza y empatía te brindan»[32].

La barra de equilibrio es muy estrecha, pero Bejjani observa en esa estrechez grandes oportunidades en forma de empatía y confianza. Volvemos, pues, al inicio, la confianza, pero el sentido de esa confianza empieza poco a poco a dar un giro de tuerca interesante. No solo un giro sino media vuelta, a tenor de las palabras de Lance Fritz, CEO de Union Pacific:

«[Los empleados] necesitan ver que nuestro liderazgo es vulnerable, empático y que toma decisiones de acuerdo con nuestros valores, de los cuales yo sería mejor ser la prueba viviente. Nuestra gente espera que yo sea transparente, que controle la situación y que sea razonable sobre lo que sé, lo que no sé y lo que estamos haciendo al respecto»[33].

Los empleados no quieren un líder todopoderoso ni omnisconsciente, alguien tocado por los dioses o por una varita mágica. Todo lo contrario; quieren una persona, desean a alguien con cara y ojos, cercano, próximo, atento, empático; tan imperfecto como vulnerable, porque justo esas dos cualidades son las que humanizan al líder, que baja del pedestal para pisar el terreno.

La pandemia ha puesto sobre la mesa la cuestión, porque el COVID-19 ha traído debajo del brazo otra gran pandemia: la pandemia mental, la salud mental y emocional, que amenaza a personas y organizaciones. Nadie escapa del peligro, por mucho cargo que se tenga. Es más, como hemos visto hace un momento, acabamos de cruzar el puente y nos hemos encontrado con una grata sorpresa: que la vulnerabi-

---

32   Cfr. *The CEO Moment. Leadership for a New Era, McKinsey Quarterly*, Op. cit.

33   Íbidem.

lidad, lejos de ser un estigma o debilidad, va a ser una aliada de primer orden en este trayecto. Como dijo con acierto John Gardner, la promesa de una «vida real» o plena va mucho más allá del talento; es la suma de otros atributos que nos encontramos en ese recorrido vital y sirven de puente entre la vulnerabilidad y la fortaleza; atributos, dice Gardner, como «*coraje, resolución, estabilidad emocional, firmeza, seguridad o capacidad para seguir el curso*» o camino[34].

El recorrido descrito debe comenzar por quitarse esa máscara que uno mismo se pone como antifaz para ocultar sus debilidades. Pero ese es, precisamente, el paso previo para emprender la marcha. Ese es el requisito necesario para abrir la lata del propio cierre interior. Como ha dicho McKinsey, «*los CEOs pueden sentirse solos en lo alto de la empresa, pero deben salir de su confinamiento interior*»[35]. En pocas palabras, es necesario que el rey sea consciente de que está desnudo y que lo vea en primera persona para apresurarse a abrir el armario y agarrar el primer traje que encuentre. Vestirse es el comienzo, porque tanto físicamente como mentalmente la pandemia nos ha desnudado y dejado vacíos y mudos; sin energía ni ánimo.

La pandemia ha supuesto un confinamiento global como nunca antes habíamos visto. Ha sido el ocaso del liderazgo; el silencio, tan atronador como abrumador, de la humanidad. En suma, el confinamiento o cierre (*lockdown*).

Precisamente, *lockdown* fue elegida como palabra del año en 2020 por el *Collins Dictionary*, porque «*resume la experiencia compartida de miles de millones de personas*», que experimentaron «*la imposición de estrictas restricciones a los viajes, la interacción social y el acceso a los espa-*

---

34   Gardner, John W., Op. cit., p. 173.

35   Cfr. *The CEO Momento: Leadership for a New Era, McKinsey Quarterly*, Op. cit.

cios públicos». Los lexicógrafos registraron más de 250.000 usos de la palabra «encierro» durante 2020, frente a solo 4.000 en 2019. Y, junto a «encierro», en la lista del *Collins Dictionary* aparecían las palabras «autoaislamiento» o «distanciamiento social»[36]. Pocos meses después, la Asociación Norteamericana de Salud Mental (*National Council for Mental Wellbeing*) designó «resiliencia» como la palabra de ese mismo año[37].

El Diccionario Oxford define resiliencia como *«la capacidad de recuperarse rápidamente de las dificultades; tenacidad. La capacidad de una sustancia u objeto para volver a tomar forma; elasticidad»*. Pero lo trascendente de las dos palabras elegidas es el recorrido vital y psicológico que supone transitar de una a otra: del confinamiento y cierre a la apertura, del bloqueo y la parálisis interior a la resiliencia; en suma, del vacío a la plenitud, del ocaso al amanecer de uno mismo.

Aquí comienza el viaje. Es hora de amanecer al liderazgo desde la oscuridad y el silencio (*«la ventaja pertenece, siempre, a quien amanece el horizonte»*, dijo Sun Tzu). Y pocos conocen de primera mano esa soledad, silencio, vacío... Y plenitud, como los deportistas de élite, que viven en primera persona la presión de la alta competición. Es hora, por tanto, de dar voz a los atletas para encontrar la vacuna a la otra pandemia, la pandemia mental.

---

36   Vid. *«COVID-19: 'Lockdown' declared Collins Dictionary Word of the Year»*, *BBC News*, November 10, 20Do.

37   Cfr. *2020's Word of the Year: «Resilience –and Five Tips to Help You Maintain it in 2021*, *National Council for Mental Wellbeing*, January 8, 2021. https://www.mentalhealthfirstaid.org/external/2021/01/2020s-word-of-the-year-resilience-and-five-tips-to-help-you-maintain-it-in-2021/. A este respecto, cabe destacar el artículo que Adriana Huffington, fundadora y CEO de Trive Global, publicó en Linkedin sobre la resiliencia como palabra del año. Vid. Huffington, Adriana, *And the Word of the Year Is... «Resilience»*, LinkedIn, 4 de diciembre, 2020. https://www.linkedin.com/pulse/word-year-resilience-arianna-huffington/

CAPÍTULO 2
«I'M NOT A QUITTER,
I'M A FIGHTER»

Altius, citius, fortius. El aserto latino resume el espíritu olímpico, pero al mismo tiempo ha dejado a un lado un elemento esencial prácticamente inadvertido hasta el último año: la fortaleza mental. Para los deportistas de élite, la mentalidad ganadora es clave y se resume en una frase tan simple como definitiva: dar el máximo y no rendirse nunca. Conceptos como garra, lucha, concentración o determinación son consustanciales a los grandes ídolos, pero poca atención se había puesto a ese *fortius mental* o *mens vires,* que reivindica una virilidad y un vigor más allá del físico. Los propios deportistas conocen mejor que nadie la importancia del aspecto mental y por ello no es de extrañar que muchos cuenten con *coaches* o psicólogos que trabajan con ellos el aspecto mental.

Los gladiadores romanos eran hombres corpulentos y aguerridos, pero la corpulencia de los «gladiadores» deportivos alcanza tanto a la mente como a la musculatura. Esa diferencia saltó a los medios de comunicación de todo el mundo cuando, a finales de mayo de 2021, en pleno Roland Garros, la tenista Naomi Osaka, en ese momento número dos del mundo del *ranking* WTA, anunció en un mensaje en Twitter que dejaba el torneo porque se negaba a participar en las ruedas de prensa, pese a que las normas de Roland Garros exigen que los tenistas acudan a la sala de prensa para responder a las preguntas de los periodistas después de los partidos. El mensaje de Osaka en Twitter causó estupor:

«A menudo he sentido que la gente no tiene en cuenta la salud mental de los atletas, y esto es una realidad cada vez que veo una conferencia de prensa o participo en una. A menudo nos sentamos allí y nos hacen preguntas que nos han hecho varias veces antes, o nos hacen preguntas que provocan que vengan dudas a nuestra mente, y simplemente no voy a someterme a personas que dudan de mí. He visto decenas de vídeos de deportistas que se han venido abajo en una rueda de prensa después de un partido [...]. Creo que esa situación lo único que provoca es hacer daño a esa persona cuando se encuentra de bajón y no entiendo la razón para actuar así. Que deje de dar ruedas de prensa no es un tema personal con la organización o con los periodistas, algunos de los cuales me han entrevistado desde que era una adolescente y tengo buena relación con ellos. Sin embargo, si los organizadores [de los torneos] piensan que pueden seguir diciendo: 'Acude a la rueda de prensa o te multarán', y continúan ignorando la salud mental de los atletas, que son la pieza central del negocio, entonces no que me queda más que reírme de todo ello».[38]

El mensaje de Osaka provocó una marejada de reacciones en los medios y en todo el circuito. Entre otros, el serbio Novak Djokovic, número uno del *ranking* ATP, respondió al día siguiente a Osaka:

«Entiendo que las ruedas de prensa a veces pueden ser muy desagradables. Y no es algo que disfrutes siempre, especialmente si pierdes un partido o algo así. Pero es parte del deporte y de tu vida en el circuito. Esto es algo que tenemos que hacer; de lo contrario nos multarán».[39]

---

38   Cfr. *Tweet* de Naomi Osaka, 11:24 p. m., 26 de mayo de 2021.

39   Vid. «*Novak Djokovic Bluntly Slams Naomi Osaka's 'Media Boycott'. Call During French Open 2021*», Republicworld.com, *May 28, 2021.* https://www.republicworld.com/sports-news/tennis-news/novak-djokovic-bluntly-slams-naomi-osakas-media-boycott-call-during-french-open-2021.html

La crítica de Djokovic a las palabras de Osaka no fue la única que se lanzó durante los días siguientes desde el propio torneo y los medios de comunicación. El argumento de fondo era obvio: las ruedas de prensa forman parte del «juego» (o *show*) y un deportista de élite debe verlas como algo normal. No fueron, de hecho, pocas las voces que se alzaron contra la tenista con comentarios que la tildaban de caprichosa o, cuanto menos, de poco respetuosa con la organización del torneo.

Entre bambalinas el comentario era facilón y podría resumirse del siguiente modo: «*No sé de qué se queja. Con el dinero que gana por los torneos, que tenga que acudir a la sala de prensa y responder a las preguntas de los periodistas tampoco es para tanto*»; un comentario que tanto se podría aplicar a un deportista profesional como a un alto directivo, cuya presión es el precio que debe pagar por el puesto que ocupa y el dinero que cobra. En pocas palabras, «excusas» justo al comienzo de un torneo en el que la tenista nunca había pasado de la tercera ronda, como apuntaron algunos medios.

Semanas más tarde, la tenista anunció que no iba a competir en Wimbledon porque iba a «*tomarse un tiempo de descanso para estar con sus familiares y amigos cercanos*»[40]. No era el único anuncio en esa dirección, como reflejaba el texto de la noticia: «*La noticia del retiro de Osaka llega después de que el dos veces campeón de Wimbledon, Rafael Nadal, anunciara que se retiraba del torneo y de los Juegos Olímpicos de Tokio de este verano en un esfuerzo por preservar su salud y prolongar su carrera*».

En ese momento, pocos repararon −o, si lo hicieron, fue para restar importancia e incluso enfatizar el capricho de

---

40   Cfr. World No. 2 *Naomi Osaka Withdraws from Wimbledon to Take 'Personal Time with Friends and Family*, ESPN, *June* 17, 2021.

la tenista– en las palabras de Naomi Osaka sobre la salud mental. Se conoce de sobra que los deportistas de élite están sometidos a una gran presión, pero casi nadie se detuvo a analizar en ese momento el mensaje de fondo que había lanzado la deportista. Solo Serena Williams apoyó públicamente a Osaka en ese momento: «*Chica, sé tú misma. ¡Tu vida es solo tuya y eres tú quien debe vivir tu vida*». Dicho de otra forma, sé dueña de tu destino, algo que Osaka acababa justo de hacer. Pero el mensaje de la salud mental había quedado ya por escrito en el mensaje de la tenista, ganadora hasta esa fecha de cuatro *Grand Slams*. Osaka había sembrado la semilla.

La semilla germinó hasta límites insospechados cuando apenas tres meses después, en los Juegos Olímpicos de Tokio 2020, celebrados en 2021 por la pandemia, la gimnasta estadounidense Simone Biles, llamada a ser la gran estrella de los Juegos, anunció que se retiraba de la competición. Era la gran favorita tanto en el concurso individual de gimnasia como en el de equipos, pero su abandono de la competición eclipsó por completo la cita olímpica, que sufrió un apagón tan repentino como global.

La retirada de Biles era consecuencia de esa espita que había abierto tres meses antes Osaka: la presión y la salud mental. No en vano todos los medios de comunicación a nivel mundial habían centrado su atención en ella, objetivo único de los focos y flashes. Estaba llamada a ser la reina de los Juegos y nadie ponía en cuestión su éxito olímpico. Como había publicado *Insider* en octubre de 2019, meses antes de la cita olímpica y con anterioridad a la cancelación de esta por el COVID-19, «*Simone Biles es la atleta más dominadora del planeta y está preparada para convertirse en la atleta olímpica más exitosa de todos los tiempos»*[41]. Los destacados de la noticia hablaban por sí solos:

«La joven de 22 años ganó todos los concursos individuales por más de 0,5 puntos de diferencia. Ningún atleta, independientemente de su género, ha dominado el trono de ningún deporte de una manera tan abrumadora como Biles, y los Juegos Olímpicos de verano en Tokio sin duda le servirán como vuelta de la victoria. La virtuosa de la gimnasia ya anunció su intención de retirarse después de los próximos juegos. Aunque se irá con menos medallas y un reinado más corto que las leyendas olímpicas como Michael Phelps o Usain Bolt, es casi seguro que Biles tendrá la carrera internacional más impresionante».[42]

Con todos los flashes sobre ella, en plena competición olímpica, a la espera de hacer historia y poner el broche de oro final a su trayectoria deportiva, Biles se vino abajo. La presión, los focos, la expectación... Todo ello se convirtió en una losa demasiado pesada incluso para ella, que había marcado una década maravillosa al conjugar en la gimnasia femenina la elegancia con la potencia física. Todo se unió y la cabeza de Simone dijo ¡basta! De pronto, el estupor y el asombro dejaron atónitos al mundo, y el estupor dio paso al silencio. Los Juegos se quedaban sin reina, y el mundo, no solo del deporte sino de otros ámbitos, enmudeció. De nuevo la oscuridad se cernió sobre la pasarela olímpica, huérfana de su estrella. Pero el mensaje de Biles había sido definitivo: *«Mental health comes first, above any medal I can win»* («La salud mental es lo primero, por encima de cualquier medalla que pueda ganar»).

---

41   Cfr. *Simone Biles is the Most Dominant Athlete on the Planet, and Now She's Primed to Become the Most Accomplished Olympian of all Time, Insider, October* 14, 2019.

42   Íbidem.

Naomi Osaka había lanzado el mensaje, pero este adquirió relevancia mundial con el anuncio de Biles. De pronto, la salud mental saltó a la palestra como «el tema», en un momento en que el mundo aún vivía confinado o empezaba a ver la luz después del confinamiento. Pero, de forma súbita e insospechada, había emergido otra pandemia: la pandemia mental, algo que los altos directivos, acostumbrados no solo a jornadas interminables de trabajo sino a la presión inherente a su puesto, deben soportar casi a diario.

Más adelante nos adentraremos en esa apretada agenda de los altos directivos y, sobre todo, en el estrés y la fatiga, no solo física sino mental, que provoca; pero ahora conviene que nos detengamos en Simone Biles, pues su caso puso definitivamente la salud mental en el centro del debate.

No se puede constatar científicamente que el efecto de Biles fuera la chispa que encendiese el motor de gran huida, pero no se puede pasar por alto la influencia social de la gimnasta y su papel como modelo a seguir entre miles de trabajadores. Una simple cuestión enmarca el problema: «*Si Simone Biles lo ha dejado a la vista de todos, ¿por qué no lo voy a dejar yo mismo?*». Las personas necesitan modelos de referencia y Biles se erigió en el modelo a seguir.

Conviene, por tanto, adentrarnos en Biles, cuyo caso ha podido marcar sociológicamente un punto de inflexión en la pandemia mental. De hecho, la propia trayectoria vital y deportiva de Biles ofrece detalles clave que incrementan el desasosiego mental de la atleta, y por tanto su liberación, como veremos a continuación.

La noticia del abandono de la gimnasta heló el ambiente en los Juegos hasta el punto de que se puede hablar de unas Olimpiadas de Tokio antes y después de Biles. Bien es cierto que Biles acabó participando en la final de barra de equilibrio, pero mentalmente llevaba días fuera de los Juegos. Una vez más, la incredulidad y el asombro iniciales dieron paso al silencio.

Al término de la cita olímpica la norteamericana volvió a casa y estuvo fuera de los focos hasta finales de septiembre de 2011, cuando protagonizó la portada de la revista *The Cut*, medio que la entrevistó en profundidad sobre lo que había sucedido en Tokio. En la entrevista, Biles no solo se refirió a Tokio, sino al juicio contra el médico del equipo norteamericano de gimnasia femenina, Larry Nassar, al que Biles había acusado de abuso psicológico en 2018.

Biles había ido incluso más allá al censurar públicamente el silencio de la Federación Norteamericana de Gimnasia (*USA Gymnastics*) pese a las denuncias contra Nassa («*Teníais un trabajo que hacer y no nos protegisteis*», llegó a clamar en ese momento contra la federación). En pocas palabras, Biles unía en su propia persona un cóctel mental explosivo que desembocó en su «huida» o «dimisión» (*resignation*) en la cita olímpica.

Tal desgaste exigía un desahogo a la altura de las circunstancias: «*Mi perspectiva nunca ha cambiado tan rápidamente de querer estar en un podio a querer ir a casa, sola, sin muletas* [cargas]»[43]. En este sentido, la última frase de la entradilla de la entrevista recuerda lo que hemos visto en el capítulo anterior: «*Representa aquello de lo que están hechos los superhéroes, salvo que ella está hecha* [en realidad] *de huesos y músculos que se tensan y se rompen*».

En la entrevista, la estrella mundial del deporte se desnudó para sacar al exterior sus miedos, ansiedades y frustraciones: «*Si todavía fuese capaz de mantener la conciencia del aire y simplemente estuviera teniendo un mal día ha-*

---

43   Vid. *Simone Biles Chose Herself*, *The Cut*, September 27, 2021.

bría continuado. *Pero fue más que eso*»[44]. No fue «más que eso» sino mucho más:

«*Digamos que, hasta los 30 años, tienes una visión perfecta. Pero una mañana te despiertas y no puedes ver una mierda; vamos, nada. Pero aun así la gente te dice que sigas y hagas tu trabajo diario como si todavía estuvieses bien de la vista y vieses todo perfectamente. Estarías perdido, ¿no? Eso es lo único con lo que puedo relacionar o equiparar. Hace 18 años que hago gimnasia. Me desperté y... lo había perdido. ¿Cómo se supone que voy a seguir con mi día a día?*».[45]

El comentario resulta tan elocuente que se responde por sí mismo. De pronto el vacío. Biles se levantó y no tenía carga; la batería se había agotado. El verdadero problema no radicaba, sin embargo, tanto en que la batería estuviera descargada como en el hecho de que Biles era consciente de que se trataba de la batería mental y, por muy buena condición física que tuviese, si la mente estaba agotada no había salida.

Aumenta la paradoja cuando acto seguido la periodista le pregunta sobre si su talento innato como deportista es más físico o mental y Biles se sincera casi abrumada por la cuestión: «*Es algo inaudito ganar tantas cosas como yo. No entiendo físicamente cómo lo hago. ¿Mental? ¿Físico? Fue un talento dado por Dios*». Pero el talento físico sin el mental no es eterno, y en el caso de Biles la cabeza dijo «basta» en plena cita olímpica. No había marcha atrás.

Ya en Tokio, con la pandemia aún rampante, con las gradas medio vacías, sintió más que nunca ese vacío y soledad en su interior: «*No había público, ni multitud, ni padres. No me sentía con confianza. No era físicamente capaz.*

---

44   En gimnasia, tener «conciencia del aire» significa mantener el sentido del equilibrio en pleno salto mientras se realiza un giro o pirueta.

45   Vid. *Simone Biles Chose Herself. The Cut*, Op. cit.

Mi cuerpo ya no era el mismo. Me dije: 'Simone, relájate. Siéntate'. Pero no lo estaba haciendo como siempre. Nunca había experimentado eso»; hasta que, después de un intento en el aparato de salto, el reloj interior de Simone se paró: *«En cuanto salí del trampolín de salto me fui directa a mi entrenador y le dije: 'No puedo continuar'»*. Apenas un día después, comentó en Twitter: *«Me he sentido como rota. Y cuanto más intento silenciar esa voz en mi cabeza, más alto grita esa voz»*.

Definitivamente, el equilibrio interior de Biles se había roto. Solo un descanso, un desfogue, una huida hacia sí misma podían evadirla del vacío y silencio interior en el que había caído; un abismo mental que iba mucho más allá de una charla de su *coach*. Simone necesita reencontrarse consigo misma, poner en hora su reloj vital; en definitiva, reorientar su brújula interior al norte deseado. Pero el impacto de su retirada era ya mundial. *«Simone Biles no tiene que ser superhumana»*[46].

Hasta ese momento, sin embargo, la gimnasta había llevado sobre sus espaldas el peso de la perfección[47], una losa demasiado pesada para cualquiera. *«Debería haberlo dejado antes de Tokio»*, pero no lo hizo y colapsó. Era el momento de reencontrarse consigo misma: *«Simone Biles se eligió a sí misma»* (*«Simone Biles Chose Herself»*) rezaba el titular de la portada de la revista[48]. Y la deportista, lejos de venirse abajo, saca pecho por lo que ha hecho: *«Yo no renuncio; soy una luchadora»* (*«I'm not a Quitter, I'm a Fighter»*).

---

46 Vid. *Simone Biles Doesn't Have to be Superhuman, Vogue, July 27, 2021.* https://www.vogue.com/article/simone-biles-doesnt-have-to-be-superhuman

47 Vid. *Simone Biles and the Weight of Perfection, The New York Times, July 24, 2021.*

48 Vid. *Simone Biles Chose Herself, The Cut,* Op. cit.

Como ha dicho Simone Biles, «*al final del día no lo puedes tener todo. Y si cuidas de tu bienestar mental, el resto encontrará su sitio*». Ese es, en definitiva, el renacimiento a uno mismo. Pero para renacer primero hay que librar la batalla definitiva: la batalla interior con uno mismo, como hizo la propia Biles. Curiosamente, a raíz de la retirada de la gimnasta en Tokio, Facebook preparó su documental sobre la estrella norteamericana. El título escenificó la batalla: «*Simone vs Herself*»[49].

El «gran» cambio

La historia de Simone Biles resume punto por punto el trasfondo de la gran dimisión (*The great resignation*) que ha convulsionado el mercado laboral en Estados Unidos desde el segundo trimestre de 2021 y que desde entonces se ha ido expandiendo por otros países. La tendencia había emergido antes de los Juegos Olímpicos, pero ejemplos como el de Biles despertaron a miles de personas de su letargo profesional. Las bajas voluntarias de empleados en numerosas empresas de Estados Unidos empezaron a crecer de forma continua desde el confinamiento provocado por la pandemia y, a medida que avanzó 2021, la tendencia fue en aumento. «Dimisiones» como la de Biles aceleraron el proceso, pero este ya venía gestándose en la sombra desde hacía tiempo.

Pero, a decir verdad, la historia es justo al revés, según ha constatado Daniel Zhao, economista sénior de Glassdor, que ha señalado que la tendencia se venía incubando desde antes de la pandemia. Es más, según Zhao, la pandemia ha desacelerado en parte el proceso. De hecho, el número de

---

49   Para ver el documental, vid. https://www.youtube.com/watch?-v=U2EOY89YjXc.

personas que habrían dejado sus trabajos habría sido mucho mayor si no hubiese sido por la pandemia[50]. La siguiente frase de Jonathan Caballero resume el fondo de la cuestión: «*Pienso que la pandemia ha cambiado mi mentalidad. Ahora valoro mi tiempo[51]*». Así nació la gran resignación (*The great resignation*), término acuñado por Anthony Klotz, de la Universidad de Texas M&A, que ha vaticinado lo que ya es una realidad: que el trabajo ya no volverá a ser lo que fue; un cambio que Lynda Gratton, entre otros, vaticinó en 2014 en su libro *The Shift. The Future of Work is Already Here[52]*. El cambio de paradigma no solo se ha hecho realidad sino que lo ha hecho de forma más brusca y en menos tiempo.

La pandemia no ha hecho más que azuzar el cambio: «*Los empleados dejan sus trabajos en busca de más dinero, más flexibilidad y más felicidad. Muchos están replanteándose lo que el trabajo significa para ellos, cómo son valorados y en qué invierten su tiempo*». En pocas palabras, trabajo, dinero, tiempo, y en suma vida, adonde se llega a través del equilibro mental y emocional. Como ha dicho Simone Biles, «*al final del día no lo puedes tener todo. Si cuidas de tu bienestar mental, el resto encontrará su sitio*». En definitiva, el renacimiento a uno mismo.

En mis sesiones de liderazgo someto a los alumnos a un texto que apunta directamente al interior de uno mismo en busca de la respuesta adecuada. El siguiente párrafo, adaptado del libro *The 'I' of Leadership. Strategies for Seeing, Being and Doing,* de Nigel Nicholson, se adentra en uno mis-

---

50   Cfr. *3.7 Million More People Would Have Quit their Jobs by Now if not for the Pandemic, Insider, August 16, 2021.*

51   Vid. *As the Pandemic Recedes, Millions of Workers are Saying 'I Quit,* NPR, *June 24, 2021.* https://www.npr.org/2021/06/24/1007914455/as-the-pandemic-recedes-millions-of-workers-are-saying-i-quit

52   Gratton, Lynda, *The Future of Work Is Already Here*, William Collins, 2014.

mo como un espejo que quiere ir más allá del plano general para adentrarse en lo que permanece oculto a simple vista. Para vestirse con la ropa adecuada, uno debe primero conocerse desnudo, y es esa desnudez la que busca rescatar este breve examen:

«Lo que creo actualmente sobre mí mismo no capta quién soy en realidad. Me convierto en yo mismo cuando alguien me desafía, cuando estoy comprometido y completamente enfocado. Me convierto en yo mismo cuando me detengo, vivo con el miedo de saber en qué me he convertido y empiezo a dar todo lo que llevo dentro de mí a las personas que tengo delante. Descubro realmente quién soy cuando me convierto en la mejor versión de mí mismo. Cuando alcanzo mi máximo potencial, me siento completo, auténtico y sin miedo alguno. Mi perspectiva cambia y entonces el mundo cambia para mí. Me vuelvo más consciente. Veo posibilidades delante de mí. Me siento esperanzado. Soy más valiente, estoy dispuesto a decir lo que realmente siento y a escuchar lo que los demás realmente sienten».[53]

Analicemos en detalle el párrafo, que ofrece pistas sobre el desequilibrio latente que ha aflorado en muchos profesionales cuando estos, en mitad del confinamiento, han dedicado tiempo a reflexionar sobre su trabajo, vida y futuro. En corto, cuando han podido reflexionar sobre la pregunta definitiva: si se sienten realizados con su vida o si, dicho de otra forma, están viviendo la vida que realmente quieren vivir.

Lógicamente la reflexión comienza por el quién, por ese «ser» que con frecuencia vive prisionero del contexto o de la pose de la persona. Por desgracia para demasiados profesionales, la cruda realidad de ese ser no solo es triste y sombría sino desesperante; una realidad insoportable que ha llevado

---

53   Adaptado de Nicholson, Nigel, *The 'I' of Leadership. Strategies for Seeing, Being And Doing*, Jossey-Bass, West Sussex, 2013.

a que muchos se sientan prisioneros de su propia cárcel interior. «La insoportable levedad del ser» de Milan Kundera vivida en un eterno presente (dis)continuo por inestable y quebradizo

El contexto, lejos de aliviar las penas, ha avivado el fuego de la pesadez. De pronto, aunque encerrados en casa, esos empleados se han liberado de la jaula corporativa y han decidido dar un paso al frente en forma de salto al vacío: mejor lanzarse antes de cerciorarse de si la piscina tiene agua que quemarse mental y emocionalmente a fuego lento en la oficina. La pandemia ha servido como agua bendita a esos empleados para coger aire, aunque fuese en casa, y tomar perspectiva. ¿Adónde me dirijo? ¿Qué quiero en mi vida? ¿Es esto lo que realmente quiero? En definitiva, ¿voy a seguir penando por la vida sin más, sin ser reconocido ni valorado, o, por el contrario, voy a tomar las riendas de mi vida?

Los datos reflejan que muchos de esos empleados que han huido de sus empresas han emprendido desde cero nuevos negocios, pequeños proyectos, con sudor y esfuerzo, pero vitalmente mucho más saludables para ellos. Es la autorrealización de Maslow: en la empresa ni se sienten autorrealizados ni valorados. En resumen, para muchos es la (re)conquista de la vida antes de que esta pase por delante sin que se den cuenta de ello.

Como hemos visto en el párrafo del ejercicio, en esa reconquista uno se lanza al abismo, pero ni el miedo a lo desconocido lo atenaza, pues en tales circunstancias está dispuesto a dar lo máximo de sí mismo por salir adelante. No hay salida, y cuando no hay salida la única salida es seguir adelante pase lo que pase. Es en esa suerte de huida hacia adelante, tan precipitada como consciente, cuando uno adquiere plena consciencia de sí mismo y se convierte en una persona con posibilidades.

Como dijo Abraham Zaleznik, «*los líderes no están sujetos o atados a un proceso sino que se sobreponen a él para establecer programas creativos, ideas y acciones*»[54]. En este caso no es solo sobreponerse sino renacer para «ser» la mejor versión de uno mismo, o al menos la versión que mejor refleja ese «ser» y que por tanto más acerca al profesional a su autorrealización plena. Muchos de los empleados que han dejado sus empresas en masa durante el último año también mencionan el sueldo como uno de los motivos. Desde su punto de vista, si van a ganar poco dinero, mejor ganárselo para ellos mismos que entregar su esfuerzo a otro. Es una liberación personal de tal calado que, incluso ganando menos ahora se sienten más plenos. En mayor o menor medida han huido para dejar de escapar de sí mismos. Son, como señaló Simone Biles, luchadores. El dilema es claro: ¿huida o liberación?

En el fondo de la cuestión se encuentra una pregunta que Oriah Mountain Dreamer expone de forma cruda: «*¿Qué pasa si la pregunta no es '¿por qué casi nunca soy la persona que quiero ser?' sino '¿por qué tan pocas veces quiero ser la persona que realmente soy?'*». Por primera vez en mucho tiempo, miles de empleados han apostado por la segunda pregunta y, al no encontrar respuestas, han entendido que debían cambiar el rumbo. Biles lo entendió demasiado tarde: «*Debería haberlo dejado antes de Tokio*»[55].

Una década después, el famoso discurso de graduación de Clayton Christensen, titulado «*How will You Measure Your Life*[56]», adquiere completo sentido y la pandemia ha

---

54   Zaleznik, Abraham, *The Management Mystique. Restoring Leadership in Business,* Harper & Row, *Publishers,* New York, 1989, p. 14.

55   «*Simone Biles Chose Herself*», *The Cut,* Op. cit.

56   Christensen, Clayton, «*How Will You Measure Your Life*», *Harvard Business Review, July-August* 2010, pp. 46-51.

dado a los empleados el tiempo suficiente para reflexionar sobre su vida. Por primera vez miles de empleados han parado física y mentalmente −el gran parón o «reseteo» mental, siguiendo el título del libro *The Great Reset*−, y han llegado a una conclusión: no quieren seguir así, trabajando como han hecho hasta ahora. Se han dado cuenta de que no quieren vivir así, y las consecuencias potenciales de despertar a la vida y a uno mismo son aún desconocidas por enormes en todos los ámbitos:

«Todavía tenemos que ver cómo será el mundo y el lugar de trabajo después de una pandemia. Lo que ya podemos ver es que la forma en que organizamos el trabajo y trabajamos juntos no volverá a ser como era antes de la pandemia. Muchas empresas han anunciado que sus empleados nunca tendrán que regresar a la oficina a tiempo completo. [...] Por ejemplo, espero que las empresas permitan que una parte de su fuerza laboral trabaje de forma totalmente remota la mayor parte del tiempo y dejen que otra parte de su fuerza laboral acuda a la oficina solo uno o dos días a la semana. Los edificios de oficinas se convertirán en lugares de reuniones para reclutar, conocer clientes y realizar campamentos o programas de formación para facilitar el intercambio interpersonal»[57].

El fenómeno comenzó en Estados Unidos, cuyo mercado laboral siempre se ha caracterizado por el dinamismo, pero pronto ha ido tomando cuerpo en otros países. La huida se está globalizando[58] y su efecto se ha abierto paso en Europa, mercado tradicionalmente más conservador que el norteamericano desde un punto de vista laboral.

---

57   *Vid. «What is 'the Great Resignation'? An Expert Explains», World Economic Forum, November* 29, 2021. https://www.weforum.org/agenda/2021/11/what-is-the-great-resignation-and-what-can-we-learn-from-it/

58   *«The 'Great Resignation' Goes Global», Washington Post, October,* 2021.

La tendencia es clara, como reflejan los datos de la OCDE. A finales de 2021 los 38 países miembros del organismo contaban con menos de 20 millones de trabajadores en activo, de los cuales 14 millones han salido del mercado y se encuentran ahora en situación de desempleo, o directamente no están buscando de forma activa empleo. Los datos se vuelven más sangrantes cuando se vuelve la vista sobre los jóvenes. Según la OCDE, tres millones de jóvenes están básicamente fuera del sistema, pues no están trabajando ni estudiando ni formándose[59].

Con los datos sobre la mesa, la guerra por el talento aparece en el horizonte. En los próximos capítulos nos adentraremos en esa batalla en ciernes, pero por el momento conviene detenernos en los conceptos que han puesto nombre a esa huida masiva. La tabla 2.1 reúne algunos de los conceptos que han hecho fortuna en el último año. Como veremos, abordan el tema desde diferentes ángulos. Precisamente por este motivo conviene juntar todas las piezas del puzzle para ver con nitidez lo que se esconde detrás de la estampida.

Tabla 2.1. Denominaciones de la huida masiva de los empleados

The great resignation: **La gran dimisión (Anthony Klotz)**
The great attrition: **El gran desgaste (McKinsey)**
The big quit: **El gran abandono**
The great reset: **El gran reseteo (Klaus Schwab)**

No son los únicos conceptos que han aparecido en el último año, pero resumen gráficamente las diferentes aristas del fenómeno a todos los niveles, ya sea personal, organizacional o social. En el fondo de todos ellos, el abandono

---

59 Cit. en «*The Good News for the Labor Shortages*», *Politico*, October 7, 2021.

en desbandada, casi sin razón aparente, de los empleados; aunque ya veremos en capítulos siguientes que ese «casi» engloba aspectos trascendentales que elevan el «casi» a la categoría de «todo». Entre esos aspectos conviene destacar el desgaste mental y físico, la pandemia oculta que ha emergido como un huracán en el ámbito corporativo en forma de «queme», angustia, apatía, cansancio, hastío y, en suma, abandono. De pronto miles de empleados a nivel mundial le han dado al *play* y se han encontrado con que sus baterías se han descargado, que están a cero. De un día para otro han perdido la energía y la vitalidad. El círculo es tan simple como definitivo: cansancio, agotamiento, falta de energía, «queme» y huida hacia delante (o reencuentro con uno mismo).

El reencuentro con uno mismo en pleno confinamiento ha sido clave para quebrar la relación entre empleados y empresas. El distanciamiento social ha derivado en este sentido en una quiebra del contrato social entre corporaciones y profesionales, y las consecuencias son ya no solo evidentes sino que se pueden volver devastadoras.

De repente los empleados han visto que hay vida fuera de las organizaciones. Muchos han aprovechado las ventajas del teletrabajo y ahora no entienden el trabajo sin la virtualidad y comodidad de trabajar desde casa. Otros han ido más lejos y han visto que fuera de las empresas hay vida, y este descubrimiento se ha convertido a la postre en una daga, o incluso en una guillotina para muchas corporaciones.

En pocas palabras, los empleados han descubierto las bondades de divorciarse de las empresas; vamos mejor solos que mal acompañados. No se han ido a la competencia, sino que se han ido con lo puesto para hacer realidad su vida. En el fondo de esa salida hay factores de todo tipo, desde el sueldo a la falta de reconocimiento, o incluso la falta de desarrollo profesional, como veremos en el próximo capítulo.

Pero de lo que no cabe ninguna duda es de que los empleados han salido de la caverna y han visto que había vida en
el exterior. El desafío para las empresas ha comenzado ya,
pero el problema es que se trata de un escenario que jamás
habían contemplado: mejor solos que con la empresa. El talento ha dicho «basta». Las reglas de juego han cambiado, o
más bien no han sido tanto las reglas como el juego en sí lo
que ha cambiado.

CAPÍTULO 3
LA NUEVA GUERRA GLOBAL
DEL TALENTO (PERDIDO)

«Ahí fuera hace mucho frío». Esta frase, casi una suerte de dicho popular, ha resumido durante mucho tiempo la realidad del mercado laboral. Pero los tiempos han cambiado; hasta tal punto de que un nuevo dicho ha enterrado para siempre el viejo aserto: *«Ahí fuera hace frío, pero mejor pasar frío y abrigarse antes que quemarse en la empresa».* Entre ambos refranes, la enorme brecha abierta en el mercado laboral: mejor coger un resfriado que quemarse en la hoguera corporativa. El mensaje es definitivo para las empresas: así no.

Pero es problema es más que notable, a diferencia de ocasiones anteriores. No han cambiado las reglas de juego sino el juego en sí, lo cual ha pillado a las organizaciones a contrapié. Durante mucho tiempo las empresas creían conocer las reglas hasta que de pronto se han dado cuenta de que el escenario ha cambiado y no saben cómo encarar el nuevo marco. Los empleados se han divorciado de las empresas, pero estas siguen sin saber a ciencia cierta por qué los empleados se han ido. *«Hay una clara desconexión entre la razón por la que los empleadores creen que sus empleados se están yendo y las verdaderas razones que hay detrás de la salida de los empleados»*[60].

---

60   *«The Great Attrition Stems from a Great Disconnect»*, *McKinsey Quarterly*, October 18, 2021.

En el fondo de esa falta de sintonía se encuentran dos perspectivas diametralmente opuestas que han acabado teniendo consecuencias en el día a día de los empleados más allá del liderazgo en sí; esto es, la disyuntiva entre liderazgo transaccional y liderazgo transformacional. Dicho de otra forma, concebir el liderazgo como un mero contrato entre dos partes o, por el contrario, verlo como una herramienta de desarrollo, crecimiento, cambio y transformación de los empleados a todos los niveles. Es la «gran desconexión»[61], que ha destruido todos los puentes y canales de comunicación entre ambas partes. Los dos «jugadores» se han dado cuenta de que no solo hablan idiomas diferentes sino que su discurso es completamente opuesto, por lo que no encuentran ningún punto de conexión entre ambos.

Los resultados de una encuesta realizada por McKinsey son reveladores. Los empleados, según el estudio, son mucho más propensos a priorizar los factores relacionales, como sentirse valorados por su jefe y la organización o tener un claro sentido de pertenencia. Por el contrario, los empleadores se centran en factores transaccionales, como una compensación inadecuada y un equilibrio entre la vida personal y laboral[62].

Los resultados son especialmente ilustrativos cuando se analizan al detalle. Factores que hasta no hace mucho eran clave a la hora de atraer talento, como las posibilidades de desarrollo dentro de la empresa, ahora resultan mucho más secundarios y accesorios para los empleados, para quienes el componente humano, personal y relacional es central a la hora de trabajar en una empresa. Lejos de elementos racionales, como pueden ser el sueldo o el desarrollo, los empleados valoran los aspectos emocionales del trabajo, comenzando por el hecho de ser apreciados por sus líderes y

---

61   Íbidem.

62   Íbid.

por la organización en general, aparte de sentirse miembros de un equipo, grupo o comunidad.

Según McKinsey, empresas y empleados solo coinciden en el equilibrio entre vida personal y trabajo, y en el compromiso y el cuidado de la familia. Resulta curioso en este sentido que los empleados apenas muestren interés por desarrollar «un trabajo con significado» (*meaningful work*). En resumen, a la vista de los datos parece obvio que los profesionales quieren ante todo encontrar la felicidad en el trabajo, aunque sea incluso a costa del dinero (aunque no por ello no reclamen una subida salarial a la empresa).

Un estudio de PwC en Australia destaca de hecho que el sueldo y la remuneración siguen siendo los principales incentivos para los empleados, por delante del bienestar personal, ya sea el cuidado de la salud mental o la conciliación[63]. Por tanto, el dinero, aunque ya no sea el único factor que marca la diferencia, sigue teniendo peso entre los candidatos. De hecho, una de las razones de fondo de que miles de empleados hayan dejado sus empresas durante el último año es precisamente porque no están dispuestos a entregar su esfuerzo, tiempo y vida por un sueldo que esté por debajo de sus pretensiones, o al menos de que lo que consideran que valen como profesionales.

Pero el estudio de PwC coincide con el McKinsey en el punto esencial: «*Hay una brecha considerable entre lo que los trabajadores quieren y lo que los líderes creen que quieren esos empleados*». El informe de la consultora señala que los empleados siguen mostrando un elevado grado de compromiso con sus organizaciones, pero ese dato no supone ni mucho menos que esos mismos empleados estén pensando en abandonar la organización si tienen la menor oportunidad.

---

63 «*The Future of Work. What Workers Want: Winning the War for Talent*», PwC Australia, 2021.

De la deslealtad al divorcio

El comentario anterior deja constancia de la deslealtad latente más allá del compromiso del día a día, y el mensaje que lanza PwC en este sentido es un aviso en toda regla para los directivos que creen haberse ganado el compromiso y la confianza de su gente: «*Los altos ejecutivos pueden sentirse reconfortados por una falsa sensación de seguridad. En el clima actual, no podemos equiparar el compromiso de los empleados con la intención de permanecer*»[64]. La tabla 3.1 recoge los elementos que valoran los empleados y las empresas en Australia, en consonancia con los datos de Estados Unidos.

Los datos de la tabla dan para mucho más que un simple comentario tanto en lo que respecta a las organizaciones como en relación a los empleados. Por el lado de las empresas resulta especialmente llamativa la falta de alineamiento entre los valores corporativos y los de los empleados. Si a menudo se suele calificar esos valores como el alma y el corazón de las organizaciones, la imagen que deja este cuadro es desoladora.

La imagen festiva de un grupo de miembros del equipo corporativo en una carrera popular o un evento social no debe desenfocar el tiro de lo que se cuece detrás de la instantánea. Por más esfuerzos e iniciativas que lanzan las corporaciones para poner en valor y comunicar sus valores tanto dentro como fuera de la empresa, los empleados apenas muestran interés por vivirlos en el día a día.

---

64   Íbidem.

Tabla 3.1. Comparativa entre la creencia de los empleadores sobre las preferencias de los empleados en el trabajo y las preferencias reales de estos

PARÁMETRO DEL TRABAJO	CREENCIA DE LOS LÍDERES	RANKING DE EMPLEADOS
Alineamiento de los valores de la organización y el empleado	1º	16º
Formación en el puesto de trabajo	2º	13º
Salario (bonus, incentivos…)	8º	3º
Coaching y mentoring	12º	26º
Trabajo con otros empleados	13º	1º
Autonomía	14º	8º
Temas relacionados con sostenibilidad (ESG)	15º	25
Trabajo desde casa	17º	9º
Plan de pensiones y jubilación	26º	15º

Fuente: «*The Future of Work. What Workers Want: Winning the War for Talent*», PwC Australia, 2021, p. 10.

La falta de sintonía entre ambas partes resulta más que inquietante para los directivos, que ven cómo los empleados se han desentendido de la empresa. Seguirán trabajando a tiempo completo en la organización, pero, mentalmente, o ya están fuera o viven completamente ajenos a la ella. Llevan muchos años de crisis global y las personas tienen otras prioridades en su cabeza. Nunca mejor dicho; no les va la vida en la empresa. Quizá el divorcio aún se siga viendo como algo lejano, pero la separación mental y emocional ya es un hecho.

Igual de reveladores se presentan los apartados referidos a la formación y desarrollo, ya sea formación en sí como *coaching* o acompañamiento directivo. Se podrían realizar muchas lecturas sobre las causas de fondo de este desencuentro, pero, a poco que uno se detenga, pronto asoma en el horizonte una realidad creciente en los últimos años: los empleados quieren ser protagonistas de su desarrollo profesional en primera persona y rehuyen del café para todos; esto es, quieren diseñar su propio recorrido formativo en función de sus intereses y apetencias, más allá de lo que desde las oficinas centrales o el departamento de formación se diseñe o planifique.

El mensaje de los empleados es claro: quieren ser protagonistas de su propio desarrollo y, quién sabe, de su destino; sin duda, un torpedo en la línea de flotación de los departamentos de formación, desarrollo y cultura de las organizaciones, que se encuentran con empleados mentalmente idos que buscan otros caminos más allá del recorrido preestablecido por la empresa. Tampoco deberían las escuelas de negocios hacer oídos sordos a este clamor entre bambalinas, pues no deja de ser el síntoma de que la formación y el desarrollo directivo están cambiando de rumbo.

Pero el aspecto que a la postre marca la divisoria definitiva entre empleados y empresas es la parte humana, el factor humano, ya sea en el trabajo con los compañeros, el teletrabajo, la autonomía, o simplemente la libertad del empleado a la hora de desarrollar su trabajo. Según el informe de la filial de PwC en Australia, el trabajo mano a mano, codo a codo, con los compañeros es la prioridad número uno de los empleados, un hecho que trae a la mesa dos conceptos clave que veremos en los próximos capítulos: equipo y comunidad. En suma, sentirse parte de un equipo, donde uno se considera aceptado, apreciado, respetado y valorado por sus compañeros, independientemente de su talento; el famoso concepto de «seguridad psicológica» de la profesora de *Harvard Business School* Amy Edmonson[65].

---

65   Para profundizar en el concepto de seguridad psicológica, vid. Edmonson, Emy, *The Fearless Organization. Creating Psychological Safety in the Workplace for Learning, Innovation and Growth*, John Wiley & Sons, Inc., *New Jersey*, 2018.

La paradoja es manifiesta. Las cualidades que más aprecian los empleados desde un punto de vista individual y colectivo quedan relegadas a un segundo plano cuando entran en contacto con los valores corporativos, que sitúan a la empresa por encima de todo. Y si de paso los empleados consideran que no están siendo bien retribuidos, la distancia entre empresa y personas se vuelve casi insalvable. En el fondo, en palabras de Gary Hamel, los empleados están pidiendo a gritos que se les reconozca por su contribución real a la empresa[66]. Ante este sombrío panorama, dirá alguno, casi se agradece el fresquito del exterior.

El gran replanteamiento (del «employer branding»)

Sea por falta de reconocimiento, dejadez, hastío, «queme», o simplemente por un repentino cambio de aires, no cabe duda de que *«la pandemia ha llevado a muchas personas a revaluar su trabajo, sus prioridades y lo que quieren hacer*[67]*»*. Los datos hablan por sí solos. En septiembre de 2021, 4,4 millones de trabajadores norteamericanos dejaron sus trabajos, según el *JOLTS report*[68], una cifra récord hasta la fecha; en octubre, el número descendió levemente hasta los 4,2 millones, pero mantuvo el paso; y a comienzos de diciembre de 2021 había más de 11 millones de procesos de selección abiertos en Estados Unidos[69].

---

66 Hamel, Gary, *Humanocracy: Creating Organizations as Amazing as the People inside them, Harvard Business Review Press,* Cambridge, Boston, Massachussets, 2020.

67 *«The Great Resignation: Why 4.4 million Americans left their Jobs in September»*, *World Economic Forum, December* 1, 2021.

68 Íbidem.

69 Vid. *«There are 11 Million Open Jobs as the Quitting Spree Continues: 'It's still a Very Tight Labor Market»*, CNBC, *December* 8, 2021.

Una gran parte de esos trabajos corresponden a camareros, repartidores y personal administrativo, pero la tendencia es generalizada en todos los sectores, especialmente en industrias de tecnología, negocios profesionales y atención médica. La tendencia abarca asimismo a todas las franjas de edad. De hecho, los profesionales de entre 20 y 30 años son más propensos a abandonar sus empresas en comparación con los adolescentes que tienen más de 50 años. Algunas de las causas de la deserción masiva son la infelicidad con la forma en que su empresa ha tratado a los empleados durante la pandemia (19 %), los bajos sueldos y la falta de beneficios sociales y falta de equilibrio entre vida y trabajo, según una encuesta del portal norteamericano de empleo JobList:

«Claramente, la pandemia ha tenido un impacto profundo en las decisiones profesionales de las personas. Casi una cuarta parte de los trabajadores (24 %) dice que no habrían renunciado a su último trabajo si la pandemia no hubiera ocurrido, y un tercio de los trabajadores refleja que la pandemia hizo que permanecieran en sus últimos trabajos por más tiempo o una cantidad de tiempo más corta del que tendrían de otra manera»[70].

En otras palabras, la pandemia ha servido como cámara de reflexión para muchos empleados, que han visto que no podían seguir trabajando con unas condiciones, desde su punto de vista, injustas. Y han huido (o despertado): *«Gran despertar (the 'great awakening') de los empleados, que, de golpe y porrazo, han dicho 'Hasta aquí. Basta'»*. La reflexión de la psicóloga norteamericana Sesil Pir merece a este respecto una especial atención:

«Cuando buscamos comprender el orden mundial actual, la mayoría de nosotros estaría de acuerdo en que la

---

70   Cfr. *«Q3 2021 United States Job Market Report», Joblist, October 7,* 2021.

mayoría de las realidades ha tenido gran valor hasta hoy en día y la intención original de todas ellas era claramente servir a los seres humanos. Desafortunadamente, con el paso del tiempo, y siempre dentro del mismo sistema, los seres humanos se encuentran ahora luchando por la dignidad, la equidad y la igualdad que merecen por derecho. En el actual sistema económico parece que hemos perdido por completo la perspectiva sobre la generación de valor para el individuo y el colectivo. Es evidente que la mayoría de los trabajadores han estado trabajando como un medio para lograr un fin. Sea inconsciente o conscientemente intercambian sus ideas y habilidades para convertirse en herramientas para perpetuar una vida económica que no necesitan ni buscan. Habría incluso quienes dirían que, al menos en los últimos veinte años, el trabajo ya no es, para nosotros, un medio para un fin. Nuestro poder intelectual colectivo ha impulsado a las empresas y a la sociedad, y lo ha hecho a expensas de nuestro bienestar individual»[71].

Las palabras de Sesil Pir van al fondo de la cuestión, más allá de que la huida sea algo pasajero o no. La psicóloga se refiere a la esencia del trabajo en sí, lo que significa este para el desarrollo vital, intelectual y emocional de los empleados y, por tanto, el papel crucial que juega a la hora de autorrealizarnos como personas. Pero el fin último del trabajo se ha tergiversado, o incluso olvidado, pues los empleados han entendido que el trabajo, lejos de contribuir al desarrollo individual, se ha vuelto contra el «bienestar personal». En resumen, el trabajo como enemigo de la persona.

El calado de la reflexión es de tal magnitud que obliga a detenerse en el significado de las palabras de Pir, pero la guinda llega cuando la psicóloga afirma:

---

71   *«Great Resignation or Great Awakening: Why Workers Are Leaving Organizations Rapidly?», Forbes, November 21, 2021.*

«Si hemos perdido el enfoque en lo humano y nuestra interdependencia entre nosotros y nuestro entorno, tal vez esta sea una de las ventajas del fenómeno COVID-19. De hecho, [la pandemia] nos ha recordado que lo que es en esencia humano y lo que nos une sigue siendo válido. Es posible que ahora estemos reencontrando nuestro valor a través de nuestra relación con los demás y con la naturaleza»[72].

La panorámica completa permite, ahora sí, abrir un gran angular para contemplar la escena en toda su extensión. La pandemia ha encerrado a millones de empleados a nivel mundial, pero al mismo tiempo ha abierto los ojos a miles de profesionales sobre lo que fundamenta su trabajo y su vida, sobre lo que quieren de verdad para encontrar la plenitud como personas. Las normas tradicionales no solo se han vuelto ya obsoletas sino que han sido sustituidas por unas nuevas. No han cambiado las reglas sino el juego, el contrato social que ha servido como hoja de ruta a empleadores y empleados.

En pleno aislamiento, miles de empleados han encontrado la libertad y, en cuando han regresado a las oficinas, esos mismos empleados han dicho «no»:

«Los empleados anhelan aprovechar al máximo los aspectos humanos del trabajo. Los empleados están cansados y muchos están afligidos. Quieren un nuevo sentido de propósito en su trabajo. Quieren conexiones sociales e interpersonales con sus colegas y gerentes. Quieren tener un sentido de identidad compartida. Sí, quieren sueldo, beneficios y ventajas, pero más que eso, quieren sentirse valorados por sus organizaciones y gerentes. Quieren interacciones significativas, no necesariamente en persona, pero no transacciones»[73].

---

72 Íbidem.

73 *«Great Attrition or 'Great Attraction'? The Choice is Yours»*, McKin-

En síntesis, quieren humanizar el trabajo y su vida, porque al fin y al cabo son personas y, por tanto, la humanidad del trabajo debería ser consustancial con el trabajo en sí.

Ante este nuevo escenario, McKinsey avisa claramente a los empleadores:

«Las organizaciones que se tomen su tiempo para aprender por qué [se han ido los empleados] *y actúen de forma reflexiva, tendrán una ventaja a la hora de atraer y retener el talento. [...] Si no comprenden de qué están huyendo sus empleados y hacia dónde podrían ir, los líderes de la empresa estarán poniendo en riesgo sus propios negocios».*[74]

La cruda realidad es que muchas empresas no acaban de entender qué está pasando y, por tanto, cómo reaccionar ante este nuevo tsunami. No solo no se lo esperaban ni lo habían visto venir sino que ni siquiera se lo habían imaginado. Y el problema, por tanto, como han reconocido varios directivos, es que no saben cómo reaccionar ante esta nueva realidad.

En *Humanocracy*, Gary Hamel detalla los principios que deberían regir la nueva era del trabajo en las organizaciones, y precisamente es el primero de ellos, «propiedad» (*ownership*), el que se encuentra en la raíz del asunto, pues, a la postre, los empleados quieren ser dueños y protagonistas de su propio destino; quieren sentir que el trabajo los moldea, forma y llena, y, sobre todo, desean sentir que ellos son los que llevan las riendas de ese trabajo[75]. Dicho de otra forma, que ellos son los dueños (y no esclavos) del trabajo; suje-

---

sey Quarterly, September 8, 2021.

74   Íbidem.

75   Hamel, Gary, *Humanocracy. Creating Organizationnas Amazing as the People Inside Them, Harvard Business Review Press*, Boston, Cambridge, Massachusetts, 2020.

tos activos y no pasivos o meros espectadores. El cambio ha cogido a muchas organizaciones a contrapié.

La palabra cambio adquiere aquí una nueva dimensión, puesto que, con el cambio de paradigma, los jugadores tienen que reposicionarse en el tablero. El problema es que muchos admiten no saber cómo hacerlo, pues nunca se habían enfrentado a semejante escenario.

Para abordar la cuestión de forma nítida y certera conviene dirigir la mirada a la marca del empleador (*employer branding*), uno de los puntales de las organizaciones para atraer talento en los últimos años. En corto, mostrar a los candidatos que la empresa en cuestión es la mejor opción para ese joven profesional, que se debate entre varias opciones. Pero, a poco que uno se detenga a contemplar la escena, pronto observará que, aunque la organización ponga en el centro de sus esfuerzos al empleado, no deja de ser una estrategia corporativa, esto es de la empresa, no del empleado.

El *employer branding* tiene su origen y fundamento, como dice el propio nombre, en la empresa, no en el candidato o empleado. En un contexto de creciente guerra por el talento, la marca del empleador ha sido el guante de seda con el que agarrar el mejor talento, pero ahora a ese talento no le basta ya solo con el tacto aterciopelado del guante, porque sabe que ese guante pertenece a la empresa, no al candidato. Ahora son los propios candidatos quienes quieren ponerse el guante (o incluso confeccionarlo a su gusto y medida).

El paulatino regreso a las oficinas por parte de miles de empresas a nivel mundial trajo consigo la puesta en marcha de una serie de medidas de rediseño de los espacios físicos y oficinas para garantizar las mayores medidas de seguridad a los empleados. Después del tsunami pandémico, las corporaciones llamaron de nuevo a filas a los empleados para volver a la «nueva normalidad», fuese presencial o en formato híbrido. Pero, curiosamente, ha sido durante esa vuelta a la oficina cuando ha sucedido la gran huida. ¿Por qué?

La pregunta es amplia y adquiere una dimensión incluso mayor a tenor de las circunstancias. Pero, para centrar el tiro, conviene comenzar por el fondo de la cuestión. En pocas palabras, entender lo que se esconde detrás del tránsito del *back to office* al *back to human*. Pese a que numerosas corporaciones, y en particular los directores de Recursos Humanos se hayan centrado en el «regreso a las personas» (*back to human*)[76] y, por tanto, han puesto en el centro las medidas de seguridad y distanciamiento, así como el cuidado de la salud mental y emocional de los empleados, al igual que el trabajo en remoto, no supieron advertir lo que se había gestado durante el cierre corporativo (*lockdown*) en el que los empleados tuvieron tiempo para parar y pensar.

Para muchos empleados, las medidas adoptadas han sido no solo necesarias sino muy satisfactorias para garantizar la vuelta a la oficina de forma segura (nadie duda ya de que el teletrabajo se ha adelantado a los tiempos y ha convertido en realidad mucho antes de lo previsto). Pero, por mucho que las estrategias de Recursos Humanos hayan querido centrarse en las personas para que estas desarrollen «toda su persona en el trabajo», lo que jamás podían haber imaginado es que muchos de esos empleados ya habían tomado una decisión al respecto en relación con el regreso: no regresar. Y todo porque no merecía la pena, o al menos en las condiciones actuales.

No habían cambiado el contexto ni las reglas de juego sino el propio juego en sí, lo cual implica un nuevo marco de relaciones. *«Los gerentes de talento tienen que 'volver a ser humanos' reuniendo a líderes y empleados para un diálogo*

---

76   *«Back to Human: Why HR Leaders Want to Focus on People Again»*, *McKinsey Quarterly, June* 4, 2021.

*real. 'Esto no puede ser administrado por una aplicación',
dijo un CHRO»*[77]. Pero, de nuevo, no es la aplicación sino las personas, más allá de lo que la empresa crea que quieren las personas, como hemos visto anteriormente. Esos empleados, confinados durante meses descubrieron que «ahí fuera» hacía frío, pero interiorizaron que poco les importaría pasar algo de frío si lo que los arropaba y protegía no era un abrigo más grueso sino algo mucho más tierno y gratificante: la libertad de la autorrealización.

El siguiente comentario de un artículo de *McKinsey Quarterly* resume el abismo entre la vieja y nueva normalidad: *«Ofrecer una gran experiencia a los empleados se basa en los mismos principios que se utilizan en el pensamiento de diseño de productos y servicios»*[78]. El problema es que esos empleados no son productos o servicios sino personas, y no desean que se les apliquen fórmulas, estrategias y paradigmas que se usan para el diseño y lanzamiento de un nuevo producto o servicio. Ahora han encontrado algo mucho más potente, la libertad, algo con lo que nadie puede competir, incluido el dinero, a no ser que la empresa esté dispuesta a poner mucho dinero encima de la mesa.

La libertad es la vara de medir de la nueva guerra global del talento, la nueva moneda de cambio, y ahora son los profesionales quienes han abierto la partida con piezas blancas.

El súbito despertar de los empleados

El cambio ha sido tan súbito como drástico y las empresas se han encontrado con que el encuentro ha comenzado sin haberse leído el reglamento. La empresa ya no compite con

---

77   Íbidem.

78   Íbid.

otras organizaciones por los mejores empleados. En el nuevo marco, compiten con algo mucho más complejo: la libertad de los empleados para ser protagonistas y dueños de su propio destino, un camino lleno de peligros, obstáculos y decenas de noches de oscuridad, como decía el famoso anuncio de Ernest Shakleton de la expedición del *Endurance* a la Antártida, pero, en definitiva, una travesía de autorrealización mucho más gratificante y agradecida.

¿Cómo competir contra esa libertad? ¿Qué ofrecerle a un empleado para que decida permanecer en la empresa en lugar de arriesgarse a coger un resfriado fuera mientras hace realidad su sueño? Esa es la pregunta que ha sorprendido a miles de directivos y directores de Recursos Humanos y a la que no encuentran respuesta. Quizá, porque, de pronto, han amanecido a deshora a la nueva realidad: el «nuevo despertar» (*the great awakening*) de los empleados. De repente, las empresas se han dado cuenta de que eran ellas las que estaban desnudas.

¿Qué pueden ofrecer a ese talento para atraerlo o evitar que se vaya? La pregunta nos devuelve a la casilla de salida, pues será imposible abordar con éxito la situación si no se conocen primero las causas de la huida de los empleados. Y, en este sentido, la causa primera y última es la humanidad de los empleados como personas:

«Retener a las personas puede ser un desafío. Pero hoy, cuando los empleados se enfrentan a la presión y las oportunidades, es vital que las empresas hagan un esfuerzo adicional para asegurarse de que continúan siendo atractivas para las personas que ya han contratado y capacitado. Es esencial centrarse en cómo los gerentes se relacionan con sus equipos y cómo la organización crea planes de carrera y prácticas de desarrollo. Pero, en última instancia, se trata de tratar a las personas como individuos complejos. Ayu-

dar a las personas a superar los inevitables altibajos de las carreras y hacer malabarismos con sus vidas y ambiciones personales con los imperativos y objetivos laborales alentará a más empleados a quedarse más tiempo»[79].

Múltiples factores afloran cuando se analizan las causas de la deserción en masa. Las causas son tan diversas como complejas, como complejas son las personas. Pero, independientemente del motivo, el talento ha hablado. «No me importa sacrificarme hasta el extremo por la empresa, ¿pero realmente merecen la pena y compensan los beneficios que obtengo de realizar tal sacrificio?». La pregunta se responde por sí misma, a tenor del paso que han dado millones de empleados.

Ya no se trata solo del famoso *efecto lealtad*[80] sino de algo previo, la confianza, a la que una parte ha puesto fin de forma irrevocable. ¿Cómo restablecer entonces la confianza perdida? Ese es el desafío de las organizaciones. Solo hay un camino: (volver a) poner a las personas en el centro, restaurar la humanidad del trabajo, los empleados y, en definitiva, de las propias empresas. Estas han puesto todo el ímpetu en acomodar las oficinas para el ansiado regreso y, en algún caso, han reconfigurado por completo el diseño de su entorno. Pero el discurso de muchos empleados va más allá: no se trata de la oficina como espacio físico sino como espacio de reunión y, más que nunca, de reencuentro. Es el aspecto personal, el elemento humano, lo que hace especial a las oficinas.

---

79   «*Is the Great Resignation Coming for You?*», Strategy+Business, PwC, *December* 7, 2021.

80   Reichheld, Frederick F., *The Loyalty Effect*, McGraw-Hill, London, 2001.

Un nuevo estilo

En definitiva, eran las personas, no las oficinas; el sujeto, el quién, en lugar del qué. Y los líderes deben, por tanto, afanarse por crear el contexto adecuado para que los empleados, las personas, puedan desarrollar todo su potencial y hallen en ese entorno el lugar idóneo para desplegar toda su humanidad y autorrealizarse. Pero ahora juegan a contrapié, porque los propios han movido ficha y puesto tierra de por medio. La gran (re)atracción es el nuevo desafío en forma de guerra por el talento, y la travesía comienza por un cambio de paradigma en el liderazgo, un liderazgo, más que nunca, humano:

«Esta nueva forma de organizar el trabajo requiere un estilo de liderazgo diferente y también exige nuevas habilidades de los trabajadores. El autoliderazgo reemplazará gradualmente al liderazgo a través de líderes y control. Los trabajadores capaces, dispuestos y motivados para asumir responsabilidades prosperarán y permitirán una mayor agilidad en sus organizaciones. Gestionar la transición a esta nueva forma de funcionamiento de las organizaciones requiere dos medidas: seleccionar los talentos adecuados y socializarlos de la manera correcta»[81].

Es, por tanto, hora de redefinir el liderazgo, porque los empleados se han divorciado de la empresa y se han «casado» consigo mismos[82]. O el edificio del liderazgo se reconstruye desde los cimientos o las empresas vivirán huérfanas

---

81   *«What is 'The Great Resignation'? An Expert Explains»*, World Economic Forum, Op. cit.

82   *«Married to the Job no More: Craving Flexibility, Parents are Quitting to Get it»*, McKinsey Quarterly, December 3, 2021.

de por vida. La «gran reorganización»[83] comienza por el liderazgo (y las personas); en suma, por el amanecer al liderazgo y a la vida, dos conceptos con cara y ojos. Todo parte de una premisa clara: la oficina no es un espacio físico sino humano, y el liderazgo solo adquiere sentido cuando se humaniza.

---

83   *«How the Great Resignation is Turning into the Great Reshuffle»*, BBC, *December* 14, 2021. https://www.bbc.com/worklife/article/20211214-great-resignation-into-great-reshuffle

CAPÍTULO 4
LA MIRADA NECESARIA

Existen pocas expresiones que definan el liderazgo –o poder– como la de «macho alfa». Durante muchos años, ser el «alfa» ha personificado liderazgo y poder. A todos nos vienen nombres a la cabeza cuando nos referimos a la figura del «alfa». El macho alfa representa, a fin de cuentas, no solo una forma de entender y ejercer el liderazgo, sino una forma de ser, un estilo de vida: abrirse paso.

En Estados Unidos, el ex presidente Donald Trump era el representante más excelso de esta suerte de tribu empresarial, compuesta por unos pocos elegidos que hacen y deshacen sin miramientos, porque son, ante todo, tipos duros:

«Los machos alfa, altamente inteligentes, seguros de sí mismos y exitosos, representan alrededor del 70 % de todos los ejecutivos sénior. Como implica la etiqueta, son las personas que no son felices a menos que sean los mejores, los que toman las decisiones. [...] La mayoría de las personas se sienten estresadas cuando tienen que tomar decisiones importantes; los machos alfa se estresan cuando las decisiones difíciles no están en sus manos. Para ellos, estar al frente de algo les estimula tanto que asumen voluntariamente unos niveles de responsabilidad que la mayoría de las personas racionales encontrarían abrumadores»[84].

En pocas palabras, los machos alfa necesitan adrenalina, presión, e incluso tensión como el comer. El riesgo, el ego

---

84   Ludeman, Kate y Erlandson, Eddie, *«Coaching the Alpha Male»*, *Harvard Business Review, May* 2004, pp. 58-67.

y la vanidad alimentan su autoestima. Pero los superhéroes y los machos alfa que gustan de ser considerados casi como tales no pasan más allá de los cómics o de las películas de cine.

La realidad es más modesta y mundana. Las empresas no están repletas de superhéroes sino de personas, y muchas de las grandes cualidades de los machos alfa se vuelven inútiles cuando uno se encuentra cara a cara con personas que exigen –merecen– ser tratadas como tales. La escena adquiere tintes casi cómicos cuando el macho alfa, tan pagado de sí mismo como obcecado, convierte esa autoconfianza en desconfianza al degradar o menospreciar a las personas que encuentra a su paso. Tan proactivo, dinámico y resolutivo se muestra como irascible, maniático y falto de empatía resulta entonces[85]. Personalidades como la de Steve Jobs no distan mucho de este perfil.

Pero los tiempos han cambiado y la reacción de miles de empleados deja entrever un rechazo absoluto a una forma de liderar que, aunque en situaciones de mucha presión se vuelve necesaria y eficaz (decisión, resolución y determinación), en otras avasalla y apabulla. Cuando los empleados manifiestan que se sientan poco valorados y reconocidos, en el fondo están pidiendo más cercanía por parte de los directivos, un encuentro cara a cara más allá de grandes discursos. En los pequeños detalles se marca la diferencia, y es ahí adonde apunta buena parte de la crítica que los «huidos» echan en cara a quienes se quedan helados ante el despertar de los empleados. Hasta no hace mucho, tener «el puño de hierro envuelto en un guante de seda» era el requisito indispensable, hasta que muchos han despertado a la realidad: ni la suavidad de la seda sirve ya para «conquistar» a los empleados.

---

85   Íbidem.

El gráfico 4.1 resume el cambio de paradigma, con dos extremos claramente definidos: a un lado, el poder; al otro, las personas. Los empleados huidos han alzado su voz para clamar por el gran cambio: del poder a las personas.

Gráfico 4.1. Poder y personas: dos modelos contrapuestos de liderazgo

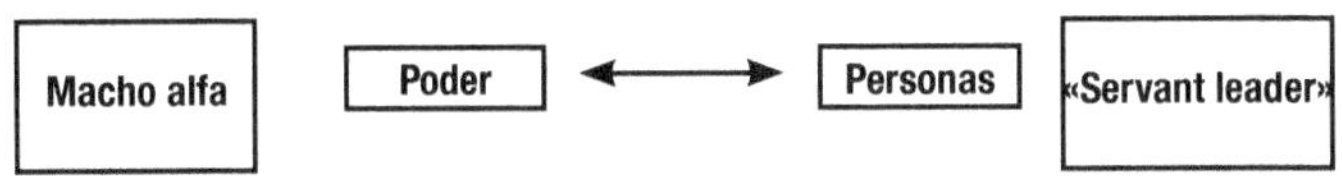

El gráfico resume con nitidez dos estilos opuestos de liderazgo. Huelga decir que no existe un estilo de liderazgo único y, de hecho, los mejores líderes adaptan su propio estilo en función de las circunstancias. Pero conviene partir de los extremos para dejar patente la diferencia, no solo desde un punto de vista de liderazgo sino desde las personas, sujetos del liderazgo, al final cabo, aunque puedan ser utilizados como meros objetos en ciertas ocasiones.

Más adelante veremos si esos sujetos son más pasivos o activos, pero por ahora quedémonos con los extremos. De un lado, el macho alfa, paradigma del poder, que al momento nos acerca a Nicolás Maquiavelo. Como dijo en *El Príncipe*, *«es mejor ser temido que ser amado»*. Del otro extremo, el *servant leader*, cuyo máximo exponente es Robert G. Greenleaf, para quien el líder debe servir a quienes están a su alrededor. Y entre ambos extremos, una frase de Simon Sinek resume el abismo entre ambos polos: *«Solo hay dos formas de influir en el comportamiento humano: puedes manipularlo o puedes inspirarlo»*.

Transitar el abismo

La pandemia ha cambiado no solo el contexto sino el contenido dentro del contexto, lo cual incluye al liderazgo. «*Hemos cambiado. El trabajo ha cambiado. Y la forma en la que hemos concebido el tiempo y el espacio ha cambiado*», ha dicho la profesora de Harvard Tsedal Neely[86]. Por tanto, si tanto el qué (trabajo) como el dónde y el cómo (oficina) han cambiado, el quién (líder) no puede permanecer inmóvil o apático. Transitar el abismo de un extremo al otro del puente no solo se vuelve urgente sino necesario y la pandemia ha servido como acicate para el cambio de paradigma. Millones de profesionales han tomado buena nota de las palabras de Gary Hamel:

«No debemos ser menos radicales al repensar los fundamentos de las organizaciones. Como nuestros antepasados, debemos hacer lo que esté de nuestra parte para emancipar el espíritu humano. Es aquí donde encontramos una causa que vale la pena: construir organizaciones que brinden a cada ser humano la oportunidad de prosperar. Si crees que los seres humanos merecen más de su trabajo y que nos beneficiarían más instituciones más dinámicas e inventivas, hay mucho que hacer para conseguir que el mundo avance»[87].

Por desgracia, después de rebuscar durante demasiado tiempo dentro de las organizaciones, los empleados no han hallado lo que ansiaban y, en consonancia, han decidido poner tierra de por medio. Si la vida es lo que pasa mientras realizamos otras cosas, como dijo John Lennon, esos empleados no han esperado a que la vida pase por delante de

---

86   *«As the Pandemic Recedes, Millions of Workers are Saying 'I Quit'»*, Op. cit.

87   Hamel, Gary, *Humanocracy*, Op. cit., p. 6.

ellos sin más. Pero ahora, a tenor de las circunstancias, ya no solo basta solo con construir organizaciones atractivas para los empleados y que estos vean en aquellas el espacio idóneo para crecer personal, profesional y vitalmente. Ahora urge transformar las organizaciones para recuperar a quienes ya se han ido y quizá no vuelvan nunca. Ese cambio debe partir desde el propio modelo de liderazgo vigente hasta ahora, tan apropiado en circunstancias que requieren resolución como inoperante en el nuevo contexto.

La dulce naturalidad de Jacinda Ardern

Resulta en este sentido más que interesante acercarse a los líderes políticos durante la pandemia, pues su labor en primera línea de fuego –aunque a la postre hayan sido los sanitarios quienes se fajaron en las trincheras contra el COVID– ha sido crucial para gestionar una situación tan dramática como desconocida; sin duda, un doctorado exprés sobre el terreno. Si dirigentes como Donald Trump, Vladimir Putin, Boris Johnson o Jair Bolsonaro, entre otros, acapararon numerosos titulares, los elogios se centraron en la primera ministra de Nueva Zelanda, Jacinda Ardern, cuya naturalidad encandiló tanto a comentaristas como a expertos en liderazgo por su «amabilidad y control» en los momentos más duros. Lejos de bajar a la arena para medirse con los rivales políticos, mantuvo siempre un tono y un lenguaje positivos y cercanos que le permitieron rápidamente empatizar con sus compatriotas[88]: Ardern *«no les predica; ella está de su lado. Incluso pueden pensar: 'Bueno, no en-*

---

88   Craig, Geoffrey, *«Kindness and Control: The Political Leadership of Jacinda Arden in the Aotearoa New Zealand COVID-19 Media Conferences»*, *Journal*. Media, 2021, 2, pp. 288–304. https://doi.org/10.3390/journalmedia2020017

tiendo bien por qué [el Gobierno] *hizo eso, pero sé que ella nos cubrió la espalda'. Hay un alto nivel de confianza en ella debido a esa empatía»*[89].

La imagen jovial y amable de Ardern, cuyo lenguaje no verbal trasluce cercanía y complicidad con el público, ha sido admirada por analistas de todo el mundo, que elogian especialmente su naturalidad ante las cámaras cuando tiene que dirigirse a la nación. No cabe la menor duda de que el análisis está realizado desde un punto de vista estrictamente comunicativo, pero, cuando se traslada al liderazgo, esa cercanía rápidamente se convierte no solo en empatía sino también en credibilidad, esencial para los líderes. Ardern no presenta impostura o máscara alguna sino todo lo contrario: habla a la cara, mirando a los ojos y en un lenguaje emocional y cercano. En suma, es el paradigma de la transparencia y la honestidad.

Junto a Jacinda Ardern, la ex canciller de Alemania, Angela Merkel, aplaudida de forma unánime en el momento de su adiós a la política en diciembre de 2021, protagonizó numerosos titulares cuando, en un discurso a la nación sobre la necesidad de seguir las medidas de seguridad contra el COVID, se emocionó durante unos instantes[90]. Tradicionalmente, liderazgo y emociones, sobre todo si estas vienen en forma de lágrimas, no siempre han congeniado, pero el emotivo gesto de Merkel fue recibido como una muestra de cercanía, aprecio y cariño para sus conciudadanos. Con un tono que algunos han llegado a definir como de madre, abuela o

---

89   Cit. en *«New Zealand's Prime Minister May Be the Most Effective Leader on the Planet»*, *The Atlantic, April* 19, 2020.
https://www.theatlantic.com/politics/archive/2020/04/jacinda-ardern-new-zealand-leadership-coronavirus/610237/

90   *«Angela Merkel Close to Tears as she Issues Germans with COVID Christmas Warning»*, *Express, December* 9, 2020. https://www.express.co.uk/news/world/1370460/Angela-Merkel-video-Germany-coronavirus-latest-news-COVID-rules-Christmas-vn

maestra, Merkel se acercó emocionalmente a los alemanes, que agradecieron la sinceridad del gesto. Contrasta esta imagen con la determinación y el coraje que suelen caracterizar a numerosos líderes, tanto políticos como empresariales, pero es en esa delicadeza donde podemos apreciar la suavidad del guante de seda que envuelve el puño de hierro.

El regreso a la oficina refleja la necesaria nueva naturaleza del liderazgo. Como hemos advertido en el capítulo anterior, no se trataba de la oficina sino de las personas, que necesitaban cariño y mimos por parte de la dirección. Pero, lejos de esos mimos, se han encontrado con un mensaje que hasta ahora habían comprado, pero que, después de una profunda reflexión durante el aislamiento, resulta insoportable. Del «es hora de volver al tajo, el negocio tiene que seguir» al «así ni quiero ni voy a seguir, porque antes que el trabajo estoy yo como persona».

Es la «paradoja» de la humanocracia de Gary Hamel llevada al extremo. Como dice Hamel, los empleados son ahora capaces de valorar con más criterio que nunca los pros y los contras de una determinada situación. Desde luego, no cabe duda de que lo han hecho durante el confinamiento, y la decisión que han tomado exige replantar los fundamentos del liderazgo, si es que los líderes desean recuperar lo que han perdido. «Solo sabes lo que tienes cuando lo pierdes», reza el dicho. Pues bien, no solo lo han perdido sino que deben entender las causas últimas de esa pérdida para emprender el «rescate» o regreso del talento huido.

Un nuevo comienzo

El regreso comienza con una más que necesaria nueva mirada al liderazgo, que debe volver los ojos a las personas. Más que nunca, la humanidad del liderazgo comienza por la mirada, por el hecho de que el líder mire a los ojos a los suyos y les pregunte cómo están y cómo se encuentran física y emocionalmente. El filósofo francés Marcel Proust dijo que «*el verdadero viaje de descubrimiento no consiste en buscar nuevos paisajes, sino en tener nuevos ojos*».

Los grandes líderes han sido visionarios (Bill Gates, Steve Jobs, Elon Musk...). La visión es consustancial al liderazgo, pero ahora conviene volver la mirada sobre las personas, a quienes hay que mirar a los ojos. La mirada sincera a los ojos y la escucha activa son la caricia que los nuevos líderes deben dar a los suyos para que estos vuelvan a sentirse apreciados, valorados y reconocidos. No eran los espacios de la oficina sino las personas que se reúnen en ese contexto y, si los líderes son los grandes arquitectos y escultores del mismo, el contexto debe empezar por las personas. Son las personas quienes dan vida a la oficina; la oficina es un mero espacio en el que esas vidas se reúnen, se comunican, comparten y disfrutan mientras se desarrollan profesional y humanamente.

Solo el liderazgo que mire a los ojos de forma tierna (la ternura del guante de seda que envuelve la solidez del puño) podrá cautivar a los empleados. En plena oscuridad pandémica, el liderazgo debe aportar esperanza, sentimiento que ningún discurso puede plasmar, porque la esperanza se mide en hechos, no por palabras. Es más, ni el mejor discurso puede hacer sombra a una simple mirada de complicidad. El impacto emocional de esta última supera con creces a las grandes palabras en un momento en que las personas necesitan abrirse y, sobre todo, ser escuchadas con suma atención.

El mensaje de la simple escucha del líder es rotundo: «Me importas». Como dijimos en el capítulo anterior, no es la vuelta a la oficina sino la vuelta a las personas, y el liderazgo debe construirse sobre este nuevo pilar, tan robusto y pétreo como aislado durante los últimos dos años.

La sensibilidad femenina

La gran huida no ha entendido de géneros ni de geografías, pero el efecto devastador de la pandemia se ha dejado notar especialmente en las mujeres, muchas de las cuales han tenido, más que nunca, que debatirse entre su doble papel de madre de familia y profesional. Pero son precisamente las mujeres quienes encarnan la respuesta necesaria que el liderazgo debe dar a la situación actual para afrontar el futuro.

Según muestra un estudio realizado por McKinsey, los empleados que cuentan con una mujer como líder son mucho más propensos a decir que el líder los ha apoyado emocionalmente durante la pandemia y se ha preocupado mucho más por su bienestar emocional, en comparación que los empleados con líderes masculinos. La encuesta constata el contraste creciente entre la cercanía y empatía de las mujeres en posiciones directivas en comparación con sus homólogos masculinos. La emocionalidad inherente a la mujer se ha convertido en el principal (atr)activo para ejercer un liderazgo mucho más humano y atento a las personas. En definitiva, *«las mujeres se están elevando hasta el momento como líderes más fuertes, pero su trabajo no es reconocido»*[91].

El comentario anterior encierra buena parte de la tensión existente entre el viejo orden y el necesario nuevo orden. Por un lado reconoce la fortaleza femenina, construida a partir de las emociones, clave para empatizar con los empleados en un momento de desgaste mental y emocional sin precedentes. Por otro constata la persistencia del techo de cristal con el que esas mujeres han tenido que lidiar durante muchos años. Pero, techos aparte, hay una verdad irrefutable: el carácter inherentemente emocional del liderazgo femenino

---

91 *«Women in the Workplace 2021»*, *McKinsey Quarterly, September* 27, 2021.

marca el rumbo a seguir de cara al futuro. Más que nunca, liderar significa sentir (más allá de que exija pensar en el futuro de la empresa a medio-largo plazo y, por supuesto, decidir). Y sentir implica presencia, esto es, estar presente:

«El liderazgo en una crisis incierta y acelerada significa estar disponible para sentir lo que es estar en el lugar de otro, para liderar con empatía, [...] ponerse en el sufrimiento de los demás, sentir empatía y pensar con inteligencia, y luego usar su posición de autoridad para hacernos un camino a seguir»[92].

No es el momento de dar (solo) una imagen de fortaleza sino de mostrar empatía y cercanía, lo cual ni mucho menos implica dejar esa fortaleza y coraje a un lado. Pero el nuevo liderazgo supone pasar esa fortaleza por el tamiz de la humanidad. Se puede ser rotundo y claro a la vez que cercano, como demostró Jacinta Ardern cuando la situación comenzó a complicarse en Nueva Zelanda a consecuencia de la pandemia:

«Entiendo que todo este cambio rápido crea ansiedad e incertidumbre. Especialmente cuando significa cambiar la forma en que vivimos. Es por eso por lo que hoy les voy a exponer lo más claramente posible lo que pueden esperar mientras continuamos luchando juntos contra el virus»[93].

En plena crisis, el liderazgo exige determinación y resolución, pero si a ese coraje se suma la cercanía, la melodía del liderazgo no solo repica alto y claro sino también dulce y honesta, pura armonía. Este simple cambio de tono pone de manifiesto una realidad tan palmaria como a veces dolorosa para más de un líder: reconocer que en una situación crítica

---

92   Kerrissey, Michaela J. and Edmondson, Amy C., *«What Good Leadership Looks Like during this Pandemic»*, *Harvard Business Review*, *April* 13, 2020.

93   Íbidem.

el líder se puede equivocar porque «*los errores son inevitables y habrá que corregir el camino emprendido*»[94]. A más uno le cuesta sangre, sudor y lágrimas… reconocer una equivocación.

Nadie exige a los líderes ser omniscientes ni infalibles, y más en una situación a todas luces imprevista. Justo sucede al revés. Reconocer los propios errores e incluso pedir perdón acerca al líder a los suyos. Las personas no suspiran por un líder perfecto, cuya perfección resulta tan formidable como insoportable para el común de los mortales. Muy al contrario, quieren personas que tomen decisiones de forma diligente pero que, como personas que son, puedan tanto acertar como equivocarse, porque a la postre son líderes humanos, no superhéroes. En suma, es la humanidad del líder lo que hace líder a esa persona, no el liderazgo en sí; y, como persona, el líder debe hablar de tú a tú, mirar a los ojos, escuchar, sentir y empatizar. Es, en definitiva, la mirada cálida que ilumina el liderazgo. Los verdaderos líderes reconocen la importante labor emocional de su posición[95].

El expresidente de Estados Unidos Barack Obama tenía en su despacho una placa con el siguiente mensaje: «*Las cosas difíciles son difíciles*». Pues bien, los auténticos líderes no tienen reparo en reconocer que la situación es compleja y que pueden cometer errores. En el fondo, nadie los ha puesto ahí para que, bola de cristal en mano, adivinen el futuro. Muy al contrario. Están ahí para tomar de decisiones, cometido último del líder, como dijo Chester Barnard en 1938 en *The Functions of the Executive*. Lo que sí se exige, por

---

94   Íbid.

95   «*The Pandemic is Creating some Great Leaders. Learn How you Can Be One of Them*», Inc., *July* 21, 2021. https://www.inc.com/jessica-nordlander/the-pandemic-is-creating-great-leaders.html

el contrario a los líderes es que sean honestos y miren a los ojos, pues en esa mirada se comprobará si son honestos o no.

El estrabismo de Zoom

Mirar a los ojos, más allá de la gran visión del líder, no solo transmite confianza y candidez sino también seguridad. Quien recibe esa mirada se siente, si no a salvo, sí protegido, porque sabe que detrás de esa mirada hay una persona dispuesta a protegerla y ayudarla llegado el caso. Con el COVID-19, esa mirada se volvió tan habitual como necesaria, pues todos nos vimos obligados a interactuar a través de Zoom y otros dispositivos.

Zoom nos ha enseñado que, pese al virus, estamos a solo un palmo de distancia, pero ese mínimo espacio, la pantalla del ordenador, marca una distancia sideral entre uno y otro a ambos lados de la pantalla. A la postre, en Zoom estamos más pendientes de la pantalla que de la otra persona. Estamos «al lado», pero perdemos el auténtico contacto visual, porque, en definitiva, no estamos en contacto (estamos «con» esa persona, pero no hay «tacto» entre ambas), y el liderazgo, al fin y al cabo, es un deporte de contacto. En resumen, nos hemos habituado a reunirnos por Zoom, Google Meets, Teams y demás plataformas y dispositivos, pero necesitamos recuperar el contacto real, deber ineludible de los líderes. «*Necesitamos mucho más contacto personal*», ha dicho el CEO de una entidad financiera[96].

Y todo comienza con el CEO en primera persona, como ha señalado Egon Zehnder, que retrata el desafío que ha supuesto el COVID-19 para los altos directivos. Como dijo uno,

---

96   «*Back to Human': Why HR Leaders Want to Focus on People again*», *McKinsey Quarterly*, Op. cit.

«no quiero volver a pasar por lo de este último año, pero he crecido de una manera que nunca podría haber imaginado»[97]. Las crisis son una escuela de liderazgo; ponen a prueba a uno y forjan el carácter. Pero algo diferente ha caracterizado a esta crisis para que los líderes deben afrontar el cambio del liderazgo: el devastador tsunami psicológico y emocional de la pandemia en las personas. La tempestad ha sacudido para siempre los cimientos del liderazgo.

Una relación íntima, con roce incluido

El liderazgo ya no es solo algo personal e íntimo de los líderes, sino una relación entre el líder como *coach* y los suyos como *coachees*[98]. Es ese contacto directo, ese roce personal, lo que da carta de naturaleza al liderazgo y la pandemia ha puesto sobre la mesa la trascendencia de provocar ese roce. La oficina es un espacio físico, pero debe ser ante todo un espacio de reencuentro, de contacto, de roce, y los líderes deben promover esa cercanía. Pero el contacto se ha perdido y, a menos que los propios líderes se pongan manos a la obra para recuperar a quienes se han ido, lo que finalmente se perderá es el sentido del propio liderazgo, porque habrá dejado de tener razón de ser.

Los empleados lo tienen claro. Quieren interacciones con sentido y significado, no solo transacciones. En el fondo, la interacción cara a cara es la excusa; lo que importa es el trasfondo y sentido de esa relación: considerar a la otra persona como tal, es decir, como alguien por quien merece

---

97 *«It Starts with the CEO. A Global Study»*, Egon Zenhder, 2021.

98 Goldsmith, Marshall, *«Leadership is a Contact Sport»*, *Strategy +Business, issue* 36, 2014.

la pena preocuparse porque merece respeto[99]. La caricia es en estas circunstancias el mejor mensaje que deben mandar los líderes a través de los hechos, porque, precisamente, más que nunca se trata se liderar cara a cara, de frente, mirando a los ojos; justo lo contrario de lo que hizo Vishal Garg, director ejecutivo de Better.com, que en diciembre de 2021 despidió a 900 empleados a través de una videollamada por Zoom.

La escena resultó tan surrealista como sangrante: «*Si estás en esta llamada, formas parte del desafortunado grupo que está siendo despedido*». Y luego apostilló: «*La última vez que hice esto lloré*»[100]. De poco sirvieron las disculpas de Garg después de lo sucedido. Por un lado, varios directivos de la empresa, entre ellos, el director de comunicación, presentaron su dimisión por las formas de Garg a la hora de anunciar el despedido masivo. Por otro, el Consejo de administración pidió la elaboración de un informe interno sobre el estilo de liderazgo y la cultura corporativa de la empresa para evitar que en el futuro sucedieran hechos como el descrito.

Una vez más, las personas, como destacó la revista Inc. en un crítico y certero análisis, estaban en el centro de la diana (para bien o, como en este caso, para mal):

«*Por un lado, es comprensible que el director ejecutivo de una empresa que se prepara para cotizar en Bolsa adopte medidas para apuntalar el balance de la empresa y recortar gastos innecesarios. Eso incluso podría incluir el despido de empleados improductivos. Ese no es el problema. [Vishal] Garg bien puede ser un visionario con una idea increíble y las habilidades para ejecutar esa idea. Es posible*

---

99 «*Great Attrition' or 'Great Attraction': The Choice is Yours*», Mc-Kinsey Quarterly, Op. cit.

100 «*Vishal Garg: US Boss Fires 900 Employees over* Zoom», BBC, *December* 7, 2021. https://www.bbc.com/news/business-59554585

que haya fundado la firma de hipotecas de consumo más innovadora en la historia. [...] Lo que debería ser dolorosamente obvio para cualquiera que vea esta serie de eventos es que Garg tiene un problema de gestión de personas. Eso significa que la empresa tiene un problema de gestión de personas, que se evidencia en la cantidad de empleados que han hablado de su cultura tóxica»[101].

El mal liderazgo de Vishal Garg era, de hecho, la consecuencia de algo más profundo: la propia decrepitud de la cultura corporativa.

Frente a estos desmanes, no queda otra que agarrar el toro por los cuernos. Es hora de poner cara y ojos al liderazgo y reivindicar un nuevo estilo de liderazgo basado en las tres cualidades que necesitan los líderes. La fórmula es tan elocuente en la forma como profunda en el fondo:

> **Ojos para mirar**
> **Oídos para escuchar**
> **Corazón para sentir**

En pocas palabras, empatía, apoyo, aprecio, cuidado e interés, porque los empleados como personas son importantes y me importan (ese «me» implica el compromiso e implicación directa del líder en este cometido). Solo así se restaurará la confianza perdida, porque para recuperar a quien se ha ido hay que dar un paso adelante y asumir los errores cometidos. Todo comienza por dar un pequeño paso adelante con un «lo siento» que humaniza hasta el extremo la figura del líder. Admitir que eres torpe desarma a los críticos y hace que los empleados sean más propensos a asumir

---

101 *«The CEO Who Fired 900 Employees on a Zoom Call is out»*, Inc., *December* 14, 2021. https://www.inc.com/jason-aten/the-ceo-who-fired-900-employees-on-a-zoom-call-is-out-its-a-tragic-example-of-how-not-to-manage-people.html

errores. No hay innovación sin errores; los errores son la autopista y la lanzadera de la innovación.

Sentido de propiedad

No cabe duda de que la máxima es central para crear una cultura de innovación en la empresa, pero la frase nos devuelve al sentido de «propiedad» (*ownership*) de la *humanocracia* de Gary Hamel: crear el contexto adecuado para que los empleados se sientan dueños y protagonistas de su propio destino, con sus errores y defectos, y que nadie los recrimine por equivocarse, pues el único reproche debería venir de no intentarlo. Solo así comprenderán que en la empresa gozan del mismo sentido de libertad y autorrealización que yéndose por su cuenta, como han hecho muchos durante el último año.

No se trata ya de planificar una estrategia atractiva para atraer el talento, sino de algo mucho más profundo que iguale el grado de libertad que muchos han conquistado fuera de las organizaciones. La nueva guerra global por el talento ha comenzado, pero esa guerra es solo la consecuencia. Para afrontar con garantías la batalla hay que replantear y ajustar primero los cimientos, para que los empleados sientan en la organización la seguridad psicológica y emocional, eso es, el cariño que están buscando. Decir «Confía en mí» ya no basta[102]; es el momento de dar vida a esa confianza con hechos, comenzando por la mirada sincera del liderazgo humano.

Más que nunca, la humanidad es consustancial al liderazgo; es, de hecho, el liderazgo en sí mismo. Al fin y al cabo,

---

102   Edmonson, Amy C. y Mortensen, Mark, «*What Psychological Safety Looks Like in a Hybrid Workplace*», *Harvard Business Review*, April 19, 2021. https://hbr.org/2021/04/what-psychological-safety-looks-like-in-a-hybrid-workplace

como dijo Peter Drucker, «*la dirección tiene que ver con seres humanos*», con personas, para las cuales hay cuatro condiciones *sine qua non* para que se sientan comprometidas e involucradas, para que se sientan verdaderas protagonistas:

> **Sentido de pertenencia** *(belonging)*
> **Sentido de significado** *(meaning)*
> **Sentido de contribución** *(contribution)*
> **Espíritu de equipo** *(spirit of corps)*

Un simple vistazo a los cuatro elementos refleja la búsqueda de la autorrealización, pero no de forma aislada, como ha sido durante el confinamiento, sino dentro de un colectivo, un grupo, un equipo. Al fin y al cabo, la persona es un ser social por naturaleza y no se entiende a sí misma sin la compañía de otros. Es precisamente esa compañía la que requiere de líderes que deben bajar para estar al lado de los empleados. Solo así se hará realidad *The «I» in Leadership* de Nigel Nicholson en sus tres dimensiones, personal, colectiva (equipo) y organizacional (empresa), como muestra la tabla 4.1.

Tabla 4.1. Las tres «I» del liderazgo

El «yo» del líder *(«I» of leadership)*	El líder como persona: la persona detrás del líder
El «yo» del equipo *(«I» in team)*	El equipo como una persona (todos para uno…)
El «I» del líder *(eye-vision)*	La visión del líder: el futuro de la empresa

Las reflexiones previas conducen inevitablemente al centro de la cuestión, las personas como corazón y alma de las organizaciones, como principio y fin de la empresa; en definitiva, el «imperativo humano» (*The human imperative*), como lo definió Alexander Alland hace medio siglo. Curiosamente, cincuenta años después, *The Human Imperative* fue el título de la edición de 2021 del *Global Peter Drucker Forum*, celebrado en Viena. El simple hecho de que, justo en 2021, en plena pandemia, el *Drucker Forum* volviese sobre la mirada a imperativo categórico habla por sí solo de la trascendencia del momento.

Las personas son el imperativo de la empresa y los líderes, ya sea a distancia, de forma remota o cara a cara, deben centrar sus esfuerzos en poner a las personas en el centro, pues estas son la razón de ser de las organizaciones. Pero la tarea, tan urgente como imperiosa, aún rechina en los oídos de más de uno. Como ha dicho Marshall Goldsmith, «*para la mayoría de los líderes, el gran desafío no es comprender la práctica del liderazgo; es practicar su comprensión del liderazgo*»[103]. Dicho en lenguaje llano, llevar a la práctica las grandes teorías sobre el liderazgo; de la teoría a la práctica sobre el terreno, o sea, pisar tierra y enfangarse.

No cabe duda de que los directivos conocen de sobra la teoría; el problema es que el manual que han usado hasta hace poco se ha quedado obsoleto. Deben comprar la edición actualizada del libro. Son líderes, y como tales deben actuar; de ahí el puesto que ocupan. Pero el nuevo escenario pide de ellos algo más, mucho más: ser entrenadores, acompañantes, *coaches*, mentores, psicólogos... Porque, a la postre, no era el liderazgo sino las personas, y no hay liderazgo sin personas. Es el humanismo del liderazgo o el triunfo del liderazgo humano (en plena pandemia, revolución digital y automatización, tres tendencias que parecían que nos iban a alejar de las personas y que al final han traído como resultado la urgente necesidad de devolver a la persona al centro del tablero).

---

103   Goldsmith, Marshall, «*Leadership is a Contact Sport*», Op. cit.

Humanismo digital

La reivindicación del liderazgo humano y el humanismo del liderazgo coincide en el tiempo con la revolución digital y lo que esta supone desde el punto de vista de automatización del trabajo. O, más bien, no solo coincide en el tiempo sino que es la consecuencia lógica de la revolución digital. Los líderes digitales deben aprovechar al máximo el potencial de la tecnología y lo que esta puede hacer por las personas, pero sin perder nunca de vista que la tecnología es el medio y las personas el fin:

«Dado que la tecnología es un facilitador esencial para casi todo lo que hace una empresa, [...] todo líder debe comprender qué puede hacer la tecnología por la empresa y cómo. Al mismo tiempo, también necesita comprender y preocuparse por las personas. Necesita entender cómo la tecnología impacta en la vida de las personas y necesita ayudar a su gente a adaptarse y adoptarla. Esto significa involucrar a las personas con un gran grado de empatía y autenticidad, ayudándolas a aceptar los cambios y ser co-propietarios de la transformación»[104].

Una vez más, la tecnología pone el acento en el hecho de que las personas sean copropietarias del desarrollo a través de la empatía y la autenticidad de los líderes, que deben servir de puente entre ambos extremos, aunque conscientes en todo momento de la centralidad en las personas.

Unir personas y tecnología desde la humanidad de aquellas no es el único desafío al que se enfrentan los líderes en la actualidad. Es más, se trata solo de una de las seis paradojas con las que deben lidiar los ejecutivos. Por un lado

---

104   Leinwand, Paul; Mani, Mahadeva Matt; y Sheppard, Blair, *«6 Leadership Paradoxes for the Post-Pandemic Era»*, *Harvard Business Review*, *April* 23, 2021.

deben combinar la mentalidad global con la visión local. En segundo término, deben actuar en la empresa con sentido político pero al mismo tiempo con integridad (los juegos de poder entre bambalinas solo conducen al abismo). En tercer lugar, deben ser héroes humildes. Además, deben ser al mismo tiempo estrategas y ejecutores. Y, por último, aparte del humanismo digital, deben ser innovadores pero con un fuerte sentido de la tradición; es decir, deben estar enraizados en los valores y principios más profundos de la empresa[105].

Un simple vistazo a las seis paradojas deja patente la capital importancia del elemento humano en el liderazgo que viene. Por más disrupción que haya, la humanidad, integridad y humildad del líder son requisitos indispensables de los directivos. De poco sirve una visión elocuente si no está apalancada en la tradición: los valores, principios y propósito de la organización, raíz del árbol corporativo. El cometido del líder es regar con mimo el campo para que el árbol crezca y se fortalezca. Sin esos cuatro elementos (personas, valores, principios y propósito) el liderazgo pierde el sentido. Solo así asciende el liderazgo, como se observa en el gráfico 4.2, hasta el grado más elevado, la gratitud, esencia del liderazgo como servicio. En pleno desgaste pandémico, con las baterías bajo mínimos, la mirada del líder debe ser sincera y agradecida. Dar las gracias y pedir perdón, ejercicios tan sencillos como humillantes para algunos, son la vara de medir del nuevo liderazgo.

La gratitud simboliza y resume la mirada tierna que los líderes deben tener en un momento en que los empleados, abatidos mental y psicológicamente por la pandemia, requieren plena atención y cuidado. Si están saliendo despavoridos de las empresas es básicamente porque en ellas no han encontrado el calor humano necesario para aliviar su desaso-

---

105   Íbidem.

siego interior. Buscaban recargar las pilas con una muestra de humanidad, pero se han encontrado con un frío «Volvamos al trabajo. Hay que trabajar». En realidad no estaban mental ni psicológicamente preparados para reemprender el trabajo como si nada hubiese pasado.

Gráfico 4.2. Los cuatro estadios o niveles del liderazgo

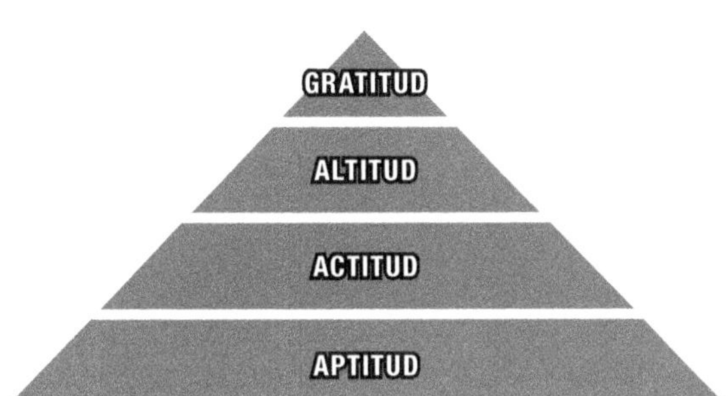

En los siguientes capítulos del libro recargaremos las pilas, pero primero hemos de detenernos en la humanidad del líder, cuya manifestación más elevada es la confesión que a muchos nunca les gustaría hacer el público: que, por muy líderes que sean, también ellos son vulnerables.

Ha llegado el momento del elogio de la vulnerabilidad, porque la grandeza de un líder humano se manifiesta precisamente en su imperfección, de la cual la vulnerabilidad es el máximo exponente y bandera. En verdad hay que ser muy valiente como líder para desnudarse y mostrar abiertamente la propia vulnerabilidad. O quizá es justo eso lo que necesitan los empleados en el momento actual: ver en primera persona que el líder es una persona de carne y hueso, alguien como ellos, uno más en la oficina, ese espacio, no físico sino personal, de (re)encuentro. Porque el liderazgo es un reencuentro (con uno mismo y con los demás).

CAPÍTULO 5
VULNERABILIDAD: LA NUEVA ARMADURA DEL LÍDER

Como hemos visto, una de las paradojas que deben afrontar los directivos en la actualidad es conjurar el heroísmo con la humildad; son los denominados héroes humildes, tan admirados por su determinación y coraje como por su modestia y naturalidad. Jim Collins los sacó del armario en *Good to Great* (el nivel cinco del liderazgo), pero a veces se olvida la importancia de unir dos conceptos tan distantes como contrapuestos (solo) en apariencia, que no en el fondo.

A mis alumnos de liderazgo les suelo poner frente con dos personajes tan diferentes como similares, pues son el mismo (o las dos caras de la misma moneda): Superman y Clark Kent. La pregunta que planteo es muy sencilla: ¿Quién es el líder? ¿Quién es el héroe? El debate se vuelve entonces interesante pero, a medida que pasan los minutos y se escuchan más voces, la balanza se inclina de forma inexorable en favor de Clark Kent (la criptonita hace mella en Superman). «¡¿Pero si Superman es un superhéroe que salva al mundo?!», les replico de forma provocadora. «Ya, pero Superman es un personaje de ficción. Clark Kent es real».

Curiosamente, el discurso de William McRaven, almirante retirado de los *Navy Seals*, en la graduación de los alumnos del MIT en 2020, la promoción de la pandemia, discurrió por los mismos derroteros. Confieso que me sorprendí al escucharlo por primera vez porque el mensaje era idéntico. Detengámonos pues unos instantes en ese discurso:

«Después de todos estos años me di cuenta de que los héroes que necesitamos no son los héroes que había estado buscando. Cuando era un niño que crecía en los años 50 y 60, siempre me vi a mí mismo como el héroe. Siempre quise ser Superman, con sus poderes para volar, con su invulnerabilidad, con su enorme fuerza. Un héroe que salva al mundo todos los días de alguna catástrofe. O Batman, Spiderman, Black Panther, el equipo de los X-men y los Fantastic Four y mi favorito de todos: Aquaman. ¡Tenía tantas ganas de montar en un caballito de mar y luchar contra el mal bajo el agua! Pero a medida que fui creciendo y viajé por el mundo, y al ver más guerra y destrucción de la que me correspondía, llegué a la dura verdad de que el Capitán América no vendrá al rescate. No hay Superman, Batman, Mujer Maravilla, Viuda Negra, Vengadores, Liga de la Justicia, Gandolf, Harry Potter y Aquaman. Si vamos a salvar al mundo de las pandemias, la guerra, el cambio climático, la pobreza, el racismo, el extremismo, la intolerancia, sois vosotros, las mentes brillantes del MIT, quienes tendréis que hacerlo»[106].

Lo realmente extraordinario de los grandes líderes, lo que convierte a unos pocos elegidos en personas admiradas por el resto, no son sus superpoderes sino su normalidad, por no decir sus imperfecciones. A decir verdad, a todos nos acaba resultando insoportable, odiosa incluso, la perfección, pues no solo la vemos como inalcanzable, fuera de lo normal, sino que realmente desconfiamos de que sea real. Vamos, que nos parece un *fake*; no puede ser verdad. Esa es la cruda realidad de los líderes perfectos o que se ponen una máscara para parecerlo o simularlo. Tanto le puede suceder al impos-

---

106   Extracto del discurso de graduación de la promoción de 2020 del MIT. Para ver el discurso completo, vid. https://news.mit.edu/2020/william-mcraven-commencement-address-0529

tor con su conocido síndrome, que en el fondo (no) esconde su profunda inseguridad, como al líder perfeccionista que hastía a quien lo rodea por su obsesión por la perfección.

En el fondo, en esa búsqueda infructuosa de una perfección casi absurda uno llega pronto a la conclusión opuesta: que la verdadera perfección reside en la humanidad de las imperfecciones, de la vulnerabilidad; de ser consciente de que uno no tiene todas las respuestas ni se le exige tenerlas, pues lejos está de considerarse un sabelotodo, por mucho MBA, doctorado o distinción que posea.

Así se presenta un superpoder hasta ahora poco conocido o minusvalorado por muchos líderes: la vulnerabilidad, convertida ahora en una de las señas de identidad más reseñables del liderazgo por una razón muy sencilla: porque los empleados quieren líderes de carne y hueso, no de cartón: líderes que rían, lloren, piensen y muestren sus emociones (recordemos a Ángela Merkel en su discurso a los alemanes sobre el COVID-19); líderes, en suma, que no tengan miedo a la hora de reconocer sus defectos y debilidades, que no se ruboricen por una metedura de pata. Porque, en realidad, solo los líderes muy valientes son capaces de desnudarse y mostrar sus debilidades sin reparo alguno. *«'Sí, estoy desnudo, ¿y qué?', diría el rey. El liderazgo tiene que ver cada vez más con la humanidad, la imperfección, y ser auténtico y empático»*[107]; en pocas palabras, la desnudez es la nueva vestimenta del líder. El atractivo de las arrugas.

En eso consiste el poder de la vulnerabilidad, a través de la cual el líder se acerca emocionalmente a los empleados, que ven en aquel a alguien cercano, real, y no a un personaje de la gran pantalla, como señala Brené Brown:

---

107   *«It Starts with the CEO. A Global Study»*, Egon Zehnder, Op. cit., p. 20.

«Asociamos la vulnerabilidad con las emociones que queremos evitar, como el miedo, la vergüenza y la incertidumbre. Sin embargo, con demasiada frecuencia perdemos de vista el hecho de que la vulnerabilidad es también el lugar de nacimiento de la alegría, la pertenencia, la creatividad, la autenticidad y el amor»[108].

Vulnerabilidad y autenticidad juegan en el mismo equipo, pues ambas hacen referencia al interior del líder como persona, a su yo más íntimo. Ambas cualidades sirven de ancla para conectar al directivo con los demás y tejer un vínculo fuerte de pertenencia a un grupo, equipo o comunidad; esto es, evitar el aislamiento o la soledad. Lejos de ser una debilidad o sonar hueca, dice Brown, *«la vulnerabilidad suena como la verdad y se siente como el coraje. La verdad y el coraje no siempre son cómodas, pero nunca son una debilidad»*[109]. Dicho al revés, la vulnerabilidad esconde una fortaleza, es un poder en sí misma. Quizá por ello el título del libro de Brown, *The Power of Vulnerability*, se repite en el caso del escrito por Barry Kaplan y Jeffrey Manchester, para quienes resulta imprescindible reconectar con la verdad interior para recuperar el sentido de autenticidad y propósito para (re)conectar de nuevo con su equipo[110].

El contraste resulta casi excesivo, por no decir esperpéntico. Por un lado, el macho alfa, tan seguro de sí mismo como inalcanzable por distante. Es el propio macho alfa quien, a la postre, se acaba alejando –o aislando– del resto al menospreciar a sus colaboradores, de quienes se siente muy por encima en talento y habilidades. Por el otro lado, el líder

---

108   Brown, Brené, *The Power of Vulnerability: Teachings on Authenticity, Connection and Courage, Sounds True* Inc, Londres, 2012.

109   Íbidem.

110   Kaplan, Barry y Manchester, Jeffrey, *The Power of Vulnerability,* Greenleaf Book Group Press, Austin, Texas, 2018.

que no recela de mostrar en público su vulnerabilidad, o que incluso dé pena o resulte patético a ojos de un macho alfa, se acerca mucho más a sus colaboradores al mostrar en su propia persona que la perfección no existe ni se exige, que todos tenemos fortalezas y debilidades, y que lo importante es el aprendizaje constante, pues el liderazgo no deja de ser un viaje sin fin.

Transitar de un extremo al otro es parte del recorrido que deben hacer los líderes en un momento en que la pandemia ha desnudado física y mentalmente a todos, y han sido muchos los que han terminado agotados y tenido que pedir ayuda. Cuando el líder no tiene reparo en pedir ayuda, ese simple gesto de humildad lo humaniza. En suma, el tránsito de la bravuconería y la prepotencia a la humildad y la generosidad[111].

Propiedad extrema

El cambio de paradigma puede resultar un contrasentido para muchos, pues pone en tela de juicio la fortaleza y el coraje inherentes a la figura del líder, pero en realidad es justo lo contrario, como ya se ha apuntado en los capítulos anteriores. Solo los líderes realmente seguros de sí mismos son capaces de decir en un momento determinado «No sé» o «Lo siento. Me equivoqué. Es culpa mía». Es lo que el ex *Navy Seal* Jocko Willink denomina «propiedad extrema» (*extreme ownership*), que parte de asumir la propia culpa hasta las últimas consecuencias.

---

111 Vid. Edmondon, Amy C. y Chamorro-Premuzic, Tomas, *«Today's Leaders Need Vulnerability, Not Bravado»*, *Harvard Business Review*, October 19, 2020.

En una elocuente charla en TED que comienza con una frase tan radical como real («*La guerra es el infierno, pero la guerra también es un maestro brutal. La guerra te enseña sobre hermandad, honor, humildad y liderazgo*»), Willink relata el fracaso de una operación de un equipo de Seals liderado por el propio Willink. En una emboscada, varios soldados murieron y otros tantos resultados heridos, y Willink tuvo que rendir cuentas antes sus superiores. En una audiencia pública (*hearing*), el *seal* relató los hechos y luego tuvo una reunión con su equipo. Todos los miembros del equipo fueron asumiendo su parte de responsabilidad en los hechos con un mea culpa unánime, hasta que llegó el turno de Willink: «*No. No ha sido culpa tuya, ni tuya, ni tuya. Ha sido culpa mía. Yo soy el único culpable*»[112]. En eso consiste la «propiedad máxima», parte indisoluble del «liderazgo extremo» (figura 5.1).

Figura 5.1. Componentes del liderazgo extremo

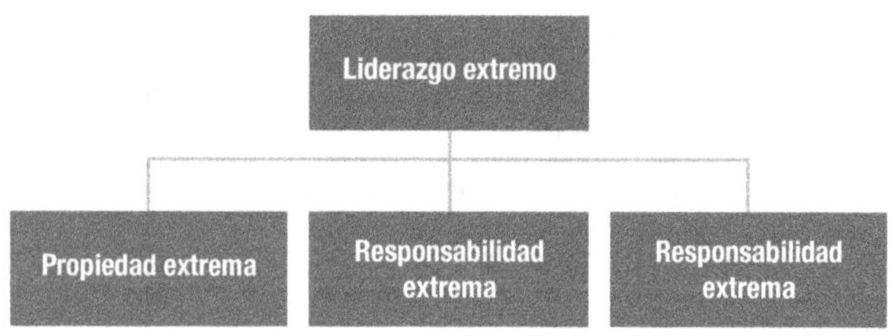

Asumir la propia responsabilidad o culpa supone en ocasiones un ejercicio humillante para muchos directivos, pero más cobarde resulta esconderse o mirar hacia otro lado cuando vienen mal dadas. Frente a quienes se escudan en ar-

---

112   Para ver la conferencia de Jocko Willink, vid. https://www.youtube.com/watch?v=ljqra3BcqWM

gumentos banales, los líderes que no tienen miedo a mostrar su vulnerabilidad justamente están mostrando eso: que no tienen miedo, o sea, que se rigen por la valentía y el coraje.

La reflexión abre diversos frentes con respecto al liderazgo, pero en primer término nos permite observar cómo la historia del *Navy seal* ha puesto sobre el terreno el concepto de «propiedad» de Gary Hamel que habíamos comentado en los capítulos anteriores. Más que nunca, los empleados desean ser protagonistas y «propietarios» de su destino, un hecho que exige repensar el liderazgo desde el punto de vista de la corresponsabilidad y copropiedad, esto es, hacer que los empleados sean «dueños» del trabajo.

Al mismo tiempo, los comentarios previos introducen, a través de la valentía y la responsabilidad, una clave de primer orden, la verdad, y por ende lo que esta supone y representa, por muy dura, dolorosa o humillante que sea para el líder. A este respecto, Amy Edmonson y Tomas Chamorro-Premuzic ofrecen una receta mágica para que los líderes se abran a la vulnerabilidad o, mejor dicho, pierdan el miedo a mostrarse vulnerables (y adquieran la confianza y valentía suficientes para admitir sus equivocaciones):

1. Admitir ante sí mismos y ante los demás que están equivocados –o pueden estarlo– y que no lo saben todo.
2. Decir la verdad.
3. Pedir ayuda.
4. Salir de la propia zona de confort.

En resumen, «*cuando cometas un error, admítelo y discúlpate; e involucra a otros en tu viaje de superación personal*»[113]. De este modo, el líder no solo se acercará a su

---

113   Edmondon, Amy C. y Chamorro-Premuzic, Tomas, «*Today's Leaders Need Vulnerability, Not Bravado*», Op. cit.

equipo (e incluso les pedirá ayuda) sino que, al asumir su error, mandará un mensaje rotundo: la transparencia y la verdad importan. La verdad del líder comienza de hecho por reconocer la propia imperfección y vulnerabilidad:

«Los líderes más aptos y que se adaptan mejor son aquellos que son conscientes de sus limitaciones, tienen la humildad necesaria [...] y son lo suficientemente valientes y curiosos para crear conexiones sinceras y abiertas con los demás. Sobre todo abrazan la verdad: están más interesados en comprender la realidad que en tener razón y no temen aceptar que estaban equivocados. [Este] es un tipo muy diferente al líder de estilo machista que rara vez tiene razón, pero rara vez duda»[114].

El comentario resulta especialmente relevante en muchos sentidos. No solo desmitifica muchos aspectos heroicos del liderazgo, sino que pone el acento en la persona del líder y, sobre todo, en el autoconocimiento y autogestión de este. El resultado es claro: el líder es consciente de sus límites, conoce sus flancos débiles y, por tanto, lejos de atreverse a adentrarse en «territorio enemigo» a ciegas, no tiene reparo en pedir ayuda a quienes lo rodean. Este simple ejercicio engrandece al líder y da protagonismo a los colaboradores, que, ahora sí, se sienten coprotagonistas o copropietarios. «El éxito ya no es de otros sino nuestro», pensarán.

Si el «impostor» no se cree merecedor del puesto que ocupa porque considera que no está lo suficientemente cualificado, no está a la altura o piensa (teme) que los demás no tardarán en descubrir que no da la talla, el líder vulnerable no tiene reparo alguno en dejar patente que no es perfecto. El simple hecho de mostrar esa debilidad es de hecho el síntoma definitivo de su absoluta confianza como líder, porque solo un líder 100 % seguro de sí mismo es capaz de mostrar

---

114   Íbidem.

sus debilidades o arrugas; el resto, por temor o recelos, procura esconderlas o dejarlas a buen recaudo antes de que alguien se percate.

A la postre, su vulnerabilidad es su armadura, su superpoder, porque la seguridad y la confianza que trasmite al no esconder sus limitaciones casi asusta a sus rivales. Ese líder sí ha entendido el significado del aserto socrático «Solo sé que no sé nada». Por eso es líder; es consciente de su propia imperfección. Mientras tanto, los competidores siguen ilusamente creyéndose los reyes del mambo. Pero para saber esa verdad, primero hay que atreverse a conocerla. No se puede entender a Sócrates sin haber pasado curso: *Sapere aude*. Cuando han aprendido a conocer y han conocido su verdad e imperfección, los líderes no solo se atreven a reconocer sus errores y su vulnerabilidad sino que lo llevan a gala, como recuerda Adam Grant[115].

En eso consiste llevar la humanidad del liderazgo al trabajo, en mostrar la persona que hay más allá del líder, sin temor alguno a dejar constancia de los propios errores. Como seres humanos somos imperfectos por naturaleza, con lo que de poco o nada serviría llevar nuestra (falsa) perfección a la oficina. Todo lo contrario. Precisamente es la imperfección humana la que nos obliga a llevarla al trabajo. Los líderes deben ser los primeros a la hora de enarbolar la bandera de la imperfección como culmen de la perfección humana. Ya no se trata de que el líder se presente todopoderoso como una suerte de Superman de los negocios, haga acto de presencia en la oficina y todos queden petrificados ante tan magna presencia. La denominada «presencia del liderazgo» (*leadership presence*) es una cualidad indispensable de los líde-

---

115   Vid. *«What Does it Take to be a Great Leader in Times of Change? We Asked Six Experts»*, *World Economic Forum, January* 15, 2017. https://www.weforum.org/agenda/2017/01/what-does-it-take-to-be-a-great-leader-in-times-of-change-we-asked-six-experts/

res para crear impacto y dejar huella allá por donde pasan, pero poco o nada tiene que ver con esa falsa presunción de infalibilidad. En realidad sucede justo al revés. Su presencia realmente causa un impacto duradero en el resto cuando su liderazgo implica humanidad y el líder es capaz de entrar en la oficina con un maletín lleno no de documentos sino de humanidad:

«¿Cómo crean los líderes entornos de trabajo positivos, productivos y comprometidos? En pocas palabras, la clave para liderar con humanidad es equilibrar los resultados con las relaciones [humanas]. Los empleados comprometidos con el trabajo presentan unos niveles más bajos de absentismo y rotación. Pero tus actitudes, motivaciones, pensamientos y la forma en que [como líder] te presentas en el trabajo influyen de forma notable en las personas»[116].

La humanidad es consustancial a la persona (es la persona en sí misma), pero se hace visible no a través de la persona sino de sus hechos. Por ello, la armadura de la vulnerabilidad solo sale a la luz cuando uno entona públicamente el *mea culpa*. Ese simple gesto resulta definitivo.

¿Qué te resulta más difícil?

A mis alumnos les suelo proponer un pequeño juego para saber cómo afrontar ese acto de contrición. La pregunta es muy sencilla: ¿Qué te resulta más difícil decir?

1. Te quiero
2. Estaba equivocado, lo siento
3. Necesito ayuda
4. Con mucho picante
5. Te aprecio

---

116   Battah, Pierre, *Humanity at Work. Leading for Better Relationships and Results*, Lifetree, Londres 2020, p. 7.

No parece probable que resulte muy complicado pedir un poco más de picante en la comida (en un restaurante mexicano sería casi una ofensa no hacerlo), a no ser que tengamos problemas de acidez en el estómago. Pero, picantes y especias aparte, cualquiera de las otras cuatro opciones puede no ser plato de buen gusto en función de las circunstancias. Un simple «te quiero» puede ser un salto al vacío de consecuencias impredecibles, por no decir un «perdón», que a veces supone una suerte de guillotina o soga que uno mismo se pone al cuello. Hay que tener mucho valor en ciertas ocasiones para levantar la mano y decir «he sido yo», pero ese gesto honra y engrandece al líder.

Pocas escenas del cine retratan ese momento como la escena de *«Yo soy Espartaco»* de la famosa película *Espartaco* de Stanley Kubrick. En este súbito *«Yo soy Espartaco»* hay un gesto sublime de generosidad, aprecio, amor y entrega al compañero, al equipo, a todos. El líder había liderado y se había entregado a todos, y ahora ve en primera persona cómo todos responden a ese *«¿Quién es Espartaco?»* con un «Yo» rotundo. Es el culmen del «Yo en equipo», consecuencia directa del aprecio, entrega y vulnerabilidad del líder, que se encuentra ahora en situación de peligro y, aun sin verbalizarlo, necesita, pide y recibe ayuda. Esa es la magia del superpoder llamado vulnerabilidad.

Esa coraza permite al líder abrazar la duda como su gran agarradera para liberarse a sí mismo. De pronto se quita el antifaz y emerge desnudo y liberado, con dudas, pero con una certeza absoluta: su propia imperfección como líder. Adam Grant se adentra en esas dudas, tan intrigantes como necesarias para el líder, pues le marcan el límite:

«Los líderes a los que les va mejor al predecir el futuro son los que reconocen que el futuro es impredecible. Al abrazar la duda se mantienen abiertos a nuevas ideas. [...] Así que tengo un mensaje simple para los líderes: si queréis

aumentar las probabilidades de estar en lo cierto, aceptad que probablemente estéis equivocados»[117].

Así que, antes de tomar una decisión, dale una segunda vuelta a la idea; piénsalo de nuevo[118]. Tu (falsa) seguridad puede ser tu ruina. Conscientes de su imperfección, los líderes vulnerables ya han pedido consejo o han cambiado de parecer. Tu confianza ciega está haciendo descarrillar el tren de tu liderazgo. Por suerte para él, Adam Grant ha aprendido la lección y, antes de meterse en un berenjenal del que no pueda salir, prefiere mantenerse callado, o sea, escuchar y aprender: *«No te puedes imaginar la cantidad de académicos con los que he trabajado a lo largo de estos años y no sé de qué están hablando»*[119]. La ignorancia es la cima de la sabiduría. Escuchar es el camino para aprender; ya habrá tiempo para hablar.

Es hora, por tanto, de dar paso al nuevo macho alfa, poderoso como antaño pero revestido ahora de cordura, humildad y vulnerabilidad. Su nuevo traje a medida está compuesto de ocho capas protectoras:

1. Sé respetuoso y honrado
2. Conoce (y reconoce) tus debilidades
3. Sé agradecido
4. Aprecia tu cabeza, corazón y alma
5. Sé abierto de mente y pide ayuda
6. Habla con ternura
7. Sé humano
8. Sé valiente (sé tú mismo)

---

117 Vid. *«What does it Take to be a Great Leader in Times of Change? We Asked Six Experts»*, *World Economic Forum*, Op. cit.

118 Adam Grant reflexiona sobre la idea de pensarlo de nuevo en el libro *Think Again: The Power of Knowing What You Don't Know*, *Viking Press*, New York, 2021.

119 *«Adam Grant is (not) Superman»*, *Business BizPhilly*, October 27, 2018. https://www.phillymag.com/business/2018/10/27/adam-grant-wharton-books-business/

Las características previas se manifiestan en cinco comportamientos :
1. Escucha cuidadosamente
2. Admite tus errores
3. Comunícate con autenticidad
4. Tómate en serio tu deber de cuidar a los colaboradores
5. Sé consciente de ti mismo y justifica su propia existencia

Quien tiene un porqué (propósito) tiene un qué y un cómo (acción y ejecución), pero todo parte del quién. Sin el quién, el porqué no tiene sentido, pues es el quién el que da vida y sentido al porqué; de ahí que ese quién, el líder, deba justificar su propia existencia a través del propósito por el que está aquí y qué huella quiere dejar en quienes lo rodean. En eso consiste ser un líder humano en la era postcovid. Esas son las señas de identidad del nuevo líder, capaz de hacer de su humanidad su traje a medida; una persona capaz de convertir su imperfección y vulnerabilidad en su principal fortaleza.

Humanocentrismo

La pandemia ha dejado una severa huella psicológica y emocional en todos. Los empleados se han quedado sin energía y muchos no encuentran un punto de recarga. Incluso algunos de ellos han regresado a las oficinas para encontrarlo, pero, al no hallarlo, han dado media vuelta. La huida masiva de empleados no es tanto un hecho como la consecuencia de otro mucho más de fondo: la pérdida del humanismo del liderazgo. Es hora por ello de devolver a la persona al centro a través de líderes «humanocéntricos» que pongan a las personas en el centro. Es el momento de descentrar al líder para que sean las personas quienes ocupen ese centro. Quizá algunos pueden ver esa concesión como un gesto de debilidad del líder, pero es precisamente ese aparente gesto de vulnerabilidad el que esconde el secreto del liderazgo.

Jessica Robson ha descrito con elegancia ese humano-centrismo: «*Los líderes humanocéntricos, antes que nada reconocen las fortalezas individuales de cada uno de los empleados o miembros del equipo, y trabajan sobre esas fortalezas para apuntalarlas como la base del éxito del equipo*»[120]. La frase resuelve el acertijo o incluso paradoja de la vulnerabilidad del líder: al mostrar su humildad y vulnerabilidad sin complejo alguno, los líderes liberan todo el potencial de los empleados y se fortalecen a sí mismos dejando que los empleados sean los protagonistas del éxito, pues el mensaje que reciben del líder es rotundo: probadlo e intentadlo; si os equivocáis, no pasa nada. Si los empleados se convierten entonces en propietarios y dueños de su destino al desatar todo su potencial, talento y creatividad, el líder convierte su debilidad en su gran fortaleza para fomentar la creatividad en el trabajo.

Más que nunca, el líder se convierte en el enano subido a los hombros de un gigante, y no de uno, sino de todos los empleados. El triunfo del talento y del liderazgo, en definitiva. Y todo ello en plena disrupción digital y tecnológica.

No, los gigantes de los molinos de viento no eran robots sino personas. Y los molinos, las oficinas, no eran más que el lugar de encuentro para las personas y semillero del talento y el liderazgo. En suma, el triunfo del humanismo del liderazgo y de la humanidad de los líderes. Si el liderazgo es una responsabilidad, esta es la responsabilidad de los líderes:

---

[120] Cfr. https://www.jessicarobson.com/blog-communication-coaching/human-centric-leadership

convertir las organizaciones y oficinas en lugares de encuentro para el triunfo definitivo del humanismo empresarial.

Millones de empleados han dicho «no» al desierto empresarial imperante. Es tiempo de plantar las semillas y regar el campo para que el liderazgo florezca de nuevo sin malas hierbas alrededor. Es hora de amanecer al liderazgo para que «la semilla que caiga en tierra buena dé fruto»[121]. El líder es el sembrador.

Para bajar de las musas al teatro, de la reflexión a la acción sobre el terreno, este ejercicio o auto examen en forma de *checklist* separa el trigo de la paja:

1. Acepto la tremenda responsabilidad del liderazgo.
2. Practico la corresponsabilidad de los principios del liderazgo a través de mi tiempo, conversaciones y desarrollo personal.
3. Abogo por la seguridad y el bienestar de los empleados a través de mis acciones y palabras.
4. Reflexiono para liderar a mi equipo en el logro de resultados basados en principios y con un propósito.
5. Inspiro pasión, optimismo y propósito.
6. Mi comunicación personal cultiva relaciones satisfactorias.
7. Fomento alrededor del equipo un sentido de comunidad en el que todos estamos comprometidos en la búsqueda de un objetivo común.
8. Ejerzo la libertad, dando visibilidad, voz y poder a cada uno de nosotros para alcanzar nuestro potencial.
9. Me involucro de manera proactiva en el crecimiento personal de las personas de mi equipo.
10. Facilito interacciones significativas.
11. Establezco metas que definen la victoria.

---

121 Lc 8, 8.

12. Reconozco y celebro la grandeza de los demás.
13. Me comprometo con la mejora continua diaria[122].

Resulta apabullante la semejanza entre los trece principios expuestos y los mandamientos del MBA Oath en 2010[123]. El juramento hipocrático de los MBA fue la respuesta en forma de puñetazo en mesa a la bofetada que los desmanes financieros habían propinado al sistema. Una década después, en pleno tsunami pandémico y aturdidos por la diáspora de millones de empleados de las empresas, los principios expuestos apuntan el camino que hay que seguir para reemprender la marcha. Cuando facilito a mis alumnos el *checklist* que hemos visto anteriormente y los principios del MBA Oath, se sorprenden por la similitud entre ambos. Es entonces cuando yo les lanzo el dardo: «Ahora depende de vosotros hacerlo realidad. Esta es vuestra responsabilidad como líderes. Está en vuestras manos». Al fin y al cabo, en palabras de George y Eliott, *«nunca es demasiado tarde para ser lo que hubiera podido ser»*.

Un tesoro llamado gratitud

A decir verdad, todo lo dicho anteriormente suena tan idílico como irreal... hasta que se hace realidad. Es la magia del liderazgo (cuando el aislamiento dio paso al reencuentro):

«Un líder que conozco quedó desconcertado por la respuesta que recibió por una referencia casual a 'todos nosotros, los 8.000 empleados' en una llamada de Zoom. El

---

122   Cfr. http://www.edgef.org/wp-content/uploads/2016/03 BW-Leadership-Checklist.pdf

123   Para conocer en profundidad el MBA Oath, vid. https://mbaoath.org/mba-oath-legacy-version/

personal aislado se aferró a lo que vieron como un momento significativo de unión y le enviaron un correo electrónico con su más sentido agradecimiento»[124].

En una palabra, gratitud, el estadio más elevado del liderazgo, en respuesta al servicio, la forma más elevada de entender la responsabilidad del liderazgo.

Más que nunca, en mitad del aislamiento, los empleados de esa empresa entendieron, vivieron, y sobre todo sintieron, el significado de la palabra «juntos» (*Togetherness*, como el título de la serie de televisión): tan alejados como próximos, tan aislados como unidos, tan distantes como unidos. El liderazgo es un abrazo, la unión de todos en torno a ese «yo» colectivo que abarca y acoge a todos. Muchos se han ido porque no han sentido ese abrazo. Es hora de abrirse para arropar a quien no ha sentido el abrigo ni el calor humano que solicitaba en plena helada pandémica.

Todo empieza por entender el liderazgo desde el abrazo, abrigo, cariño y corazón, algo tan meloso y suave como profundo e impactante, pues lo suave (*soft skills*) es lo verdaderamente rocoso (*hard skills*). Pero, a fin de cuentas, de poco servirá abrirse al resto si uno no se ha abierto (desnudado) antes a sí mismo, así que todo empieza, una vez más, en el interior de uno mismo. Howard Behar, expresidente de Starbucks, lo entendió desde el primer minuto:

«Uno de los puntos de mi declaración de misión personal decía lo siguiente: 'Quiero alimentar e inspirar a diario el espíritu humano. Comenzando primero conmigo mismo y luego con los demás'. Y digo 'conmigo' primero, porque lo que he aprendido después de haber vivido mucho es que, si

---

124   James, Ashton, «*What it Means to be a 'Human' Leader*», *Strategy +Business,* PwC, *Winter 2021 issue.* https://www.strategy-business.com/article/What-it-means-to-be-a-Human-leader

no estoy bien con Howard [Behar]*, no puedo ayudar a nadie más*» [125].

La referencia de Behar a ese «conmigo» abre varias vetas que abordaremos en los próximos capítulos. Mientras tanto conviene quedarnos con lo sustancial del mensaje, que parte de una de las máximas fundamentales del liderazgo: a menos que te lideres a ti mismo (y eso implica, en primer término, autoconocimiento), serás incapaz de liderar a otros. No hay vuelta de hoja. Solo cuando uno adquiere consciencia y conciencia de la importancia del cuidado interior aprende que, si no la única, la mejor manera de cuidar y alimentar el interior es cuidando y ayudando a los que están a su alrededor, lo cual exige servicio y entrega: *servant leadership* en acción.

La situación actual se presenta como una llamada de urgencia para todos aquellos que, de forma consciente o inconsciente, han dejado el abrigo en el armario y, en consecuencia, desprotegidos a los empleados. Sin hogar ni calor humano, «dormir» a la intemperie en plena pandemia mientras improvisan una tienda de campaña para protegerse del frío es la opción que han elegido millones de empleados después de ver que no había calor humano para ellos.

Entendí en primera persona el significado de «calor humano» en 2001, cuando cubrí como periodista los terremotos que asolaron El Salvador el 13 de enero y 13 de febrero de ese año. Pasé una noche en una *champa* (tienda de campaña) con una familia que lo había perdido todo. Mi intención era realizar un reportaje, pero, a cambio, me llevé un regalo que jamás olvidaré.

---

125   Cit. en Younger, Heather R., *The Art of Caring Leadership. How Leading with Heart Uplifts Teams and Organizations*, Berrett-Koehler Publishers, Oakland, CA, 2021, p. 16.

En mitad de la nada, salvo la oscuridad (por suerte en El Salvador el frío no está invitado a la fiesta), rodeado de una familia que lo había perdido todo, la abuela me ofreció una taza de café. Cuando me acercó la taza, miré alrededor y vi que no tenían ni comida para ellos. Yo no necesitaba tomar ese café (por entonces ni tomaba café), pero al momento me di cuenta de que, si rechazaba aquella taza, la mujer se iba a quedar triste o incluso dolida. Acepté pues la taza. Sin merecerlo había recibido una sauna de calor humano de aquella mujer. No era la taza de café sino lo que ese ofrecimiento suponía. Y respondí –aún desconozco si me vi forzado a ello– con ese mismo ofrecimiento.

Ese es el calor humano que demandan los empleados y del que los líderes deben dar ejemplo en primera persona. Como ha dicho Simon Sinek, «*un buen líder cuida de aquellos a quienes tiene a su cargo. Un mal líder se encarga de quienes tiene a su cargo*». El matiz es tan sutil como abismal.

Llegados a estas alturas, a más de uno le puede asaltar la duda y, hasta cierto punto, la incredulidad. ¿Pero no acabamos de referirnos hace un momento a la robótica, la revolución digital y todo ello? ¿A qué viene ahora volvernos sentimentales? Pues bien, nos hemos vuelto sentimentales para dejar constancia de una idea definitiva: al menos por ahora (quién sabe en el futuro), las máquinas no pueden sentir, así que justamente lo que hace especiales y únicas a las personas son sus emociones, creatividad, pasión, energía, vitalidad... En definitiva, su humanidad. Es ahí donde el liderazgo debe centrar sus esfuerzos y poner toda la carne en el asador.

La humanidad del liderazgo es la única medicina que existe para devolver la vitalidad a unos empleados desgastados, desganados, aislados, quedamos, y, en suma, deshumanizados; hambrientos y sedientos de contacto humano, del encuentro. El COVID-19 ha infectado tanto a la comunión como a la comunicación, y ambas requieren de inmediata atención médica en forma de liderazgo, pero la medicina no es el liderazgo sino la propia persona del líder, que debe actuar tanto de médico como de vacuna.

Ahora bien, como ya hemos comentado, los líderes, por muy líderes que sean, lejos están de ser dioses o semidioses; ni siquiera superhéroes, por mucho que alguno se lo haya creído. «*Batman y Superman no vienen a salvar el mundo. Depende de vosotros. Pero nunca, nunca en mi vida, he tenido tanta confianza en que el destino del mundo está en buenas manos. Avanzad y sed los héroes que necesitamos*»[126]. Pero eso no quita para que los líderes también tengan que reponer fuerzas y cargar las pilas, porque la crisis no ha hecho distinciones. Es hora, valga la redundancia, de poner en hora el reloj interior y cargar las baterías. Volver a la oficina sin fuerzas ni energía no solo es una pérdida de tiempo sino también una pérdida de sueño.

---

[126]   Discurso de graduación de la promoción de 2020 del MIT. vid. https://news.mit.edu/2020/william-mcraven-commencement-address-0529

CAPÍTULO 6
DEL APAGÓN MENTAL
A LA CONCENTRACIÓN

Un CEO entrevistado por Egon Zenhder lo reconoció sin tapujos: «*El último año me ha hecho ser más consciente de la necesidad de tener espacio para volver a centrarme y reenfocarme*»[127]. En suma, de reconectar consigo mismo. Desde luego, el desafío, una suerte de MBA acelerado, ha sido un reto de primer orden que ha llevado al límite a algunos y que ha puesto en jaque el equilibrio personal de todos ellos:

«*Los CEOs deben adoptar un modelo de equilibrio y un nuevo equilibrio entre el trabajo y la vida. Cuando no es así vemos desafíos con la capacidad de las organizaciones para mantener nuevas formas de trabajar. Un CEO describió este momento y cometido como 'sin límites'. Es como si estuvieras nadando en un océano sin tierra a la vista: sientes que estás trabajando muy duro para orientarte, pero incluso así es difícil. Es importante poner algunos marcadores entre el trabajo y la vida fuera del trabajo*».[128]

Pocas veces ha tomado tanta relevancia la frase de Charles Farkas de que «*el trabajo del CEO es infinito*»[129] en

---

127   «*It Starts with the CEO. Global Study*», Egon Zehnder, Op. cit., p. 22.

128   «*In Conversation: the CEO Moment*», *McKinsey Quarterly*, October 22, 2021. https://www.mckinsey.com/business-functions/strategy-and-corporate-finance/our-insights/in-conversation-the-ceo-moment

129   Farkas, Charles, *Maximum Leadership: The World's Leading CEO's Share their Five Strategies for Success*, Henry Holt and Co., Nueva York, 2015.

tiempo, atención y energía. Consume mental y físicamente, lo cual implica que tan importante como la carga es la recarga (antes de que el organismo se quede sin combustible). Dov Frohman, un alto directivo de Intel en Israel, lo vivió en primera persona al dirigir la empresa en mitad de las bombas en plena árabe-israelí. Pero él no estuvo en el frente de batalla, sino en primera línea de «la otra guerra», la que tuvo que librar para mantener a flote la empresa en aquel difícil momento. En circunstancias como esas no queda otra que improvisar sobre la marcha, ir contracorriente y confiar en los instintos[130]. El tiempo corre en contra.

24 horas no son suficientes

Más que nunca, la frase de Nitin Nohria y Michael Porter adquiere sentido: *«Los CEOs tienen una gran cantidad de ayuda y recursos a su disposición. Sin embargo, ellos, más que nadie en la organización, se enfrentan a un recurso muy escaso: el tiempo. Nunca hay suficiente tiempo para hacer todo de lo que un CEO es responsable»*[131].

Los datos abruman: casi 10 horas de trabajo diarias, más de 62 horas a la semana de trabajo, trabajan el 79 % de los días de fin de semana y también en vacaciones y, para combatir el estrés, o directamente desconectar, la gran mayoría practica deporte. Son, en suma, atletas corporativos y, como tales, necesitan ejercitar su salud física, mental, intelectual y espiritual[132]; esto es, compaginar concentración y descanso, en una suerte de barra de equilibrio más inesta-

---

130   Frovman, Dov, *«Leadership under Fire»*, *Harvard Business Review, December* 2006, pp. 124-131.

131   Porter, Michael E. y Nohria, Nitin, *«How CEOs Manage Time»*, *Harvard Business Review, July-August* 2018.

132   Loehr, Jim y Schwartz, Tony, *«The Making of a Corporate Athlete»*, *Harvard Business Review, January* 2001, pp. 120-128.

ble que firme en la que deben encontrar su punto óptimo. En resumen, son atletas con una mentalidad de hierro, casi a prueba de bombas. El cargo y la responsabilidad obligan.

Múltiples frentes de batalla

Pero el COVID-19 ha sido otra historia; ha ido más allá. Y, por mucho cargo que uno tenga, el desafío ha sido el mismo (o incluso mayor, porque la ya de por sí apretada agenda del CEO ha echado humo). Quienes han vivido el desafío a cara de perro lo saben. La reflexión de Omar El Hamamsy, CEO de Orascom Development, sobre las enseñanzas de la «guerra» resumen, punto por punto, este libro a todos los niveles. Conviene, por tanto, tomar nota de los consejos de este alto directivo del sector inmobiliario:

«Utiliza el tiempo durante la pandemia para considerar nuevas opciones para reinventar tu modelo de negocio. [...] Eso es sin duda la prioridad número uno: experimentar y probar cosas nuevas. Número dos, he descubierto que esta crisis es un momento para reclutar talentos excepcionales que buscan reinventarse, hacer nuevas cosas, entrar en nuevas industrias o nuevas funciones, y esforzarse. Creo que esta crisis les ha dado a las personas 18 meses de autorreflexión y muchos de ellos se preguntan: 'żCuál es el propósito de mi vida profesional en el contexto de mis logros personales en la vida?'. De ahí surge un montón de talento que se está levantando y diciendo: 'Quiero hacer las cosas de manera muy diferente'. Esa es una consideración clave para los CEOs en una época de discontinuidad. Y en tercer lugar, la lección más obvia: reconecta contigo mismo, con tu familia, con lo que en última instancia es importante para ti en la vida. [...] Dedícale tiempo a eso»[133].

---

133   *«Growth in a Crisis: Lessons from Hospitality CEO Omar El Ha-*

La reflexión de Hamamsy apunta a lo profesional como a lo personal, pero comienza y termina con la misma palabra: tiempo. Para los altos directivos esta ha sido sin duda una batalla contra el tiempo, tanto en lo físico como en lo mental.

Pero el análisis de Hamamsy pone sobre la mesa los grandes desafíos del contexto actual: mantener el negocio, mantener a las personas en la que se presenta ya, dice, como una nueva guerra por el talento, reflexionar sobre uno mismo y, en definitiva, reconectar con uno mismo. De todas ellas, la última acude al rescate del resto, porque, o uno se recarga por dentro con el material necesario (vitaminas físicas y mentales), o será incapaz de manejar con éxito los otros tres frentes abiertos: personas, talento y negocio (estrategia).

Los directivos están solos ahí arriba y, cuando a la soledad del directivo se suma el aislamiento, tarde o temprano la alarma de urgencias acaba sonando. De no ser así, uno se dará cuenta del peligro cuando ya sea demasiado tarde, esto es, cuando la cuerda ya se ha roto.

En ese momento, por muy ágil y mentalmente fuerte que se sea, el reloj interior deja de sonar. Los plomos se han fundido. No hay batería ni carga ni pilas. El «queme» (o algo peor) llama a la puerta. Esta es la situación de millones de personas a nivel mundial, pero la llamada a filas en forma de regreso a la oficina pasó por alto este factor. Después de haber disfrutado el mundial virtual de Zoom, Google Meet y demás, no estaban mentalmente preparados para el regreso. Las baterías estaban al mínimo (10 % o incluso menos).

---

mamsy», McKinsey & Company, *November* 30, 2021.
https://www.mckinsey.com/industries/travel-logistics-and-infrastructure/our-insights/growth-in-a-crisis-lessons-from-hospitality-ceo-omar-el-hamamsy

Sin energía, una voz interior surgió como un resorte para clamar por un respiro necesario. El cambio requería decir un «no» rotundo al mundo, al exterior, y gritar un «sí» a uno mismo, al interior. Era el momento de la desconexión y la reconexión, el momento para enchufar el reloj interior, que se había quedado sin carga. Tocaba resituar la brújula interior. Era el momento de volver a los orígenes, a picar piedra y poner los cimientos del edificio derruido.

«La grandeza no es una función o el resultado de las circunstancias. Muy al contrario; la grandeza es el resultado de una elección consciente y de disciplina», ha dicho Jim Collins. La disciplina consiste en el trabajo a diario, en el partido a partido, en el acto convertido en hábito. Conviene por tanto ir a por utensilios de labranza y construcción y, pala y pico en mano, comenzar a trabajar para cargar las baterías descargadas.

Así como el vino necesita reposar, las catedrales no se construyeron en un día sino en años; por eso no creyeron a quien dijo: *«Destruid este templo y en tres días lo levantaré»*[134]. La grandeza y el éxito se cuecen a fuego lento y con esfuerzo y dedicación, ingredientes indispensables de la óptima gestión del tiempo (en un momento en que el tiempo es un recurso en vías de extinción).

Energía, eficacia y tiempo

Apuremos pues el vino y vayamos con paso firme a la búsqueda del tiempo y de las energías perdidas. En mitad del caos pandémico, los directivos deben, más que nunca, atender al cortísimo y largo plazo (liderar supone abrazar los opuestos), en un momento en que el corto plazo de antaño

---

134   Jn 2, 19.

casi se percibe ahora como largo plazo. Sea como fuere, el líder de turno debe ser proactivo y eficaz, así que conviene llamar a Peter Drucker para que nos ilustre con las claves para ser un directivo eficaz (figura 6.1). A la postre, no solo se trata de recargar las pilas sino de optimizar la carga, por lo que pueda pasar en aguas turbulentas.

Figura 6.1. Gestión del tiempo del directivo eficaz

Fuente: Drucker, Peter, *The Effective Executive.*

El tiempo es, nunca mejor dicho, la vara de medir, pero no solo mide el paso de las horas, sino, como señala Drucker, la toma de decisiones y los resultados, a partir de las propias fortalezas, las competencias distintivas. En todo caso, la clave, dice Drucker, radica en la concentración de esfuerzos, en centrarse en una sola tarea a la vez. En román paladino, concentración y foco frente al *multitasking.*

Desde luego, la crisis ha puesto en jaque a los directivos y en tela de juicio las tesis de Drucker. En su defensa, Drucker echa mano del ex presidente de General Electric, Jack Welch, que, después de preparar una lista con las diez prioridades o temas clave de la empresa, solía quedarse con los tres más importantes y, de ellos, delegaba dos y se enfocaba solo en uno. En eso consiste enfocarse (poner el foco) para optimizar el esfuerzo y las energías. Y «*solo a base de decir 'no' te podrás concentrar en las cosas realmente importantes*», insiste Steve Jobs.

En medio del estrés y el «queme», los líderes se deben concentrar en lo importante, las personas. En ellas deben poner todo el foco y la atención, pero no podrán hacerlo si ellos no están también mentalmente preparados y concentrados, una tarea, como hechos dicho, que se cocina a fuego lento, día a día, desde primera hora. Por ello conviene hacer los deberes desde que suena el despertador. Ahí comienza la batalla (mental). El almirante William McRaven, como célebre *Navy seal*, lo ha vivido en primera persona toda la vida:

«Si haces tu cama todas las mañanas habrás cumplido la primera tarea del día. Te dará un pequeño sentido de orgullo, y te animará a hacer otra tarea, y otra y otra. Al final del día, esa tarea completada se habrá convertido en muchas tareas completadas. Hacer tu cama también reforzará el hecho de que las pequeñas cosas de la vida importan. Si no puedes hacer bien las cosas pequeñas, nunca harás bien las grandes. Y, si por casualidad, tienes un día miserable, volverás a casa con una cama que está hecha, que hiciste tú a primera hora, y una cama hecha te dará ánimos para pensar que mañana será un mejor día. Si quieres cambiar el mundo, empieza el día haciendo tu cama».[135]

---

135   Extracto del discurso de graduación de la promoción de 2014 de la Universidad de Texas, Austin.

No importa el programa, curso o materia que imparta. El discurso completo de McRaven es tan elocuente, inspirador y omnicomprensivo, que tanto habla de equipos y liderazgo como de esfuerzo, compromiso, cultura corporativa... Pero, al final, termina volviendo al principio: foco, atención, concentración; la mente enfocada en la tarea. La batalla mental no se gana y las baterías no se recargan si uno desatiende lo más importante: la disciplina.

Si la falta de energía está en la raíz del «queme», la disciplina (fuerza de voluntad) está en el origen de la fortaleza mental y la determinación. En un momento en que la pandemia ha puesto la salud mental de todos, directivos incluidos, en jaque, la fortaleza mental es la única medicina, pero solo hay una receta para que sea medicina resulte efectiva: trabajarla desde primera hora día a día. Sin esa vacuna los empleados regresarán exhaustos a la oficina. Difícil, entonces, pensar en la eficacia en semejantes circunstancias. El cariño, roce y cuidado que comentamos en el capítulo anterior son el masaje necesario para que cuerpo, mente y corazón se reanimen (el ánimo es tanto emocional como mental) y reactiven.

El horario mental

Los deportistas de élite –una vez más, los atletas muestran la universidad física y mental que supone el deporte– comprenden como nadie el significado y alcance de la disciplina. Fue Simone Biles quien, abusos psicológicos y juicio aparte, sacó la salud mental a la palestra en los Juegos Olímpicos de Tokio. Ahora Biles vuelve a tomar protagonismo para dejar patente lo que supone empezar el día completamente enfocado y concentrado. El horario personal de Biles a lo largo de la temporada lo deja patente (tabla 6.1).

Tabla 6.1. Horario personal de Simone Biles

7:00 a.m.	Suena el despertador: hora de levantarse.
7:15 a.m.	Cepillarse los dientes, maquillarse y peinarse.
8:00 a.m.	Calentamiento y entrenamiento: foco en «conceptos básicos y habilidades».
12:00 p.m.	Regreso a casa para el almuerzo: alto contenido de proteínas, pollo o pescado.
1:00 p.m.	Descanso.
2:00 p.m.	Refrigerio rápido: un batido de proteínas, plátano y mantequilla de maní.
3:00 p.m.	Regreso al gimnasio: reunir los conjuntos de habilidades de la mañana más rutinas de práctica.
6:00 p.m.	Fisioterapia en el gimnasio o en casa.
7:00 p.m.	Cena: su cena saludable favorita es salmón, arroz y zanahorias... su cena trampa favorita (después de las competiciones, gane o pierda) es la pizza de pepperoni.
8:00 p.m.	Relax con la familia.
9:00 p.m.	Ponerse al día con las tareas.
11:00 p.m.	Luces apagadas. Dormir.

A mis alumnos de Gestión del tiempo no les pasa inadvertida la pizza de pepperoni que devora con gusto Biles. La pizza da mucho juego, como veremos en las próximas páginas. Como se dice habitualmente, los pequeños detalles marcan la diferencia y esa porción de pizza a última hora del día puede tener mucho más que pepperoni en su interior.

Sin embargo, la batalla mental contra el desgaste y el «queme» es dura; es la batalla contra uno mismo, la batalla definitiva, y la disciplina por sí sola no basta, sobre todo si enfrente se tiene, como es el caso de Simone Biles, una presión añadida en lo profesional y lo personal por los ataques y abusos de su entrenador. La batalla o incluso bloqueo mental se vuelve entonces un desafío descomunal, tan áspero y arduo como difícil de digerir. Es una pandemia personal, peor incluso que la sufrida por miles de empleados, por el desgaste psicológico y emocional que supone. Las cicatrices son solo la cara visible del combate. La verdadera losa son las magulladuras internas, que sacuden y golpean la mente y el corazón de la persona como un martillo pilón. Tanto es así que Simone ha admitido que tiene «miedo» de regresar (de nuevo, el regreso) a su «oficina», la gimnasia:

«El aspecto mental obviamente me atrapó en Tokio y, como sucede con muchas otras cosas, mi cuerpo no las ignoró. Si podemos mantener eso bajo control, me encantaría entrenar de nuevo. Pero luego, al final del día, si [la gimnasia] *me impide vivir en paz, lo dejaré. Y haré lo correcto, porque he pasado por muchas cosas* [en mi carrera profesional]. *He logrado mucho.* [Mi crisis] *es como un gran incendio en un contenedor de basura del que estamos tratando de deshacernos y del que yo estoy tratando de mantenerme lo más lejos posible para que mi salud mental pueda mantenerse intacta y, si decido entrenar de nuevo, tendré una pizarra. Hacer lo que he hecho desde siempre y simplemente no poder hacerlo ahora por todo lo que he pasado es realmente una locura, porque amo mucho este deporte»*[136].

Es indudable que los abusos verbales que ha sufrido Biles aportan dramatismo a la escena, pero, más allá de toxicidades e insultos, la gimnasta describe la tortura mental que supone el desgate. En ocasiones, ese «queme» deriva en depresión. Es la batalla entre dos fuerzas contrapuestas, el foco y el estrés, que rivalizan en nuestro interior como el ángel y el demonio que buscan guiar (o contener) nuestros impulsos (figura 6.2).

---

136   *«Olympic Legend Simone Biles Hints at Retirement Amid Mental Health Struggles», Daily Mirror,* November 11, 2021.
https://www.mirror.co.uk/sport/other-sports/simone-biles-hints-gymnastics-retirement-25432109

Figura 6.2. La batalla mental: foco y estrés

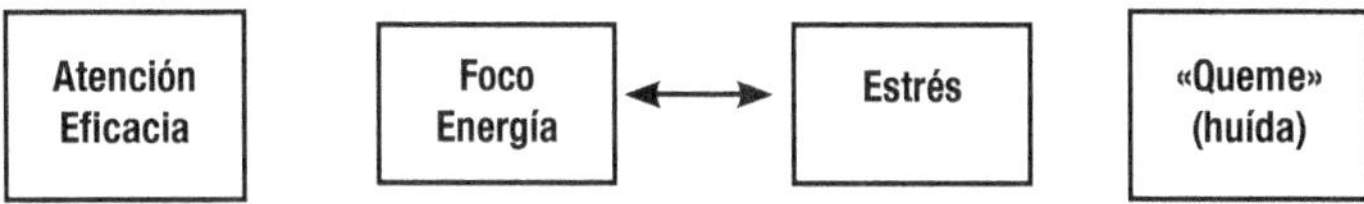

El estrés es el aguijón que va desgarrando nuestras energías a medida que el cansancio hace mella y nos desconcentra. Los síntomas afloran al exterior (desgaste, cansancio, dejadez, mal humor), pero es en el interior de la persona donde provocan su verdadero efecto. De pronto, la cabeza deja de mandar el mensaje «sí, puedo» y pasa a pedir auxilio. El pulso no se retransmite en directo en ninguna plataforma o canal de televisión, pero la lucha es feroz, hasta que la persona, abatida, levanta rendida la bandera blanca.

El líder coach

La secuencia se ha repetido por todo el mundo en los últimos dos años de forma silenciosa y las consecuencias han aflorado cuando esos empleados derrotados mentalmente han dicho «basta». Es ahí donde los líderes deben actuar como *coaches* o psicólogos. En el fondo, al actuar como *coach*, el líder tendrá que abrirse irremediablemente al empleado para escucharlo con atención, por lo que este percibirá el interés del líder en su salud. Eso es aprecio en estado puro.

Cuando imparto la asignatura de gestión de equipos, a los alumnos suelo ponerles la escena clave de la película *Miracle*, que relata el triunfo de Estados Unidos contra la Unión Soviética en la final de los Juegos Olímpicos de invierno de Salt Lake City en 1980. El discurso del entrenador justo antes del comienzo del encuentro es oxígeno puro para la mente:

«Un partido. Solo uno. Si jugamos contra ellos [Unión Soviética] *diez veces, ellos ganarán nueve, pero no este encuentro, no esta noche. Esta noche los machacaremos. Esta noche somos el mejor equipo de hockey del mundo. Habéis nacido para esto. Hoy es vuestro momento; hoy es vuestra ocasión. Así que salid ahí fuera y hacedlo».*[137]

Fue el discurso del «milagro sobre hielo», la primera vez que Estados Unidos venció a la Unión Soviética en hockey sobre hielo, y todo partió de cargar las pilas a los jugadores, de insuflarles el espíritu ganador, de darles un propósito y un motivo superior (*higher purpose*), algo que los inspirase por dentro más allá de que mentalmente supieran que se enfrentaban a los mejores. Una vez más, el líder encontró las palabras adecuadas para recargar las baterías e instilar moral y confianza en los jugadores; para convertir los miedos y el estrés en su «sí» definitivo. El juego de palabras en inglés resume la transformación interior: del *stress* al *yes*. Entre ambas emociones, un recorrido de cuatro etapas: mente positiva, concentración, atención y foco; del vacío físico y mental a la plenitud: la sensación de fluidez (*flow*).

El recorrido comienza en la atención y el foco interior, en «dirigir la atención a uno mismo», como ha dicho Daniel Goleman[138], o sea, reconectar con uno mismo. La sacudida pandémica ha sido demoledora y, antes que reemprender la marcha, es necesario hacer inventario del interior de uno mismo y reponer subsistencias. Solo cuando se haya hecho ese chequeo interior y se haya reposado se puede reactivar la mente. El ciclista no se recupera de una pájara en una etapa de alta montaña solo con líquido, sales minerales y barritas energéticas. El músculo se ha quedado vacío y necesita des-

---

137   Vid. https://www.youtube.com/watch?v=tdmyoMe4iHM

138   Goleman, Daniel, «*The Focused Leader*», *Harvard Business Review, December* 2013, pp. 50-61.

canso y varios días para ponerse de nuevo a tono y la pandemia no solo ha castigado el músculo sino que ha minado la cabeza. Esa es la tarea pendiente: recuperar mentalmente a los empleados.

Al reflexionar sobre la necesidad de dirigir la atención, Daniel Goleman pone como ejemplo a Elon Musk, quien, según dice, es capaz de centrar su atención en un único objetivo pese a que esté recibiendo al mismo tiempo decenas de datos e información que por sí mismos constituirían un foco de atención de primera magnitud. Pero Musk, dice Goleman, es capaz de discernir (esto es, valorar, analizar, decidir y actuar, las cuatro obligaciones de un directivo) en qué objetivo o punto debe centrarse, y es ahí donde pone toda su atención y concentración.

Magnus Carlsen, el gran maestro del ajedrez, entiende como pocos lo que suponen la atención y la concentración. En su caso, debe en todo momento elegir entre decenas o incuso cientos de posibles movimientos en el tablero, lo cual le obliga a centrar su atención hasta el extremo. *«El nivel de concentración y motivación de Carlsen es casi inhumano. Cuando lo vi en el Mundial Blitz en Moscú estaba canalizando todas sus energías para ganar a todos los rivales. Les puedo asegurar que fue el más motivado de todos»*, ha comentado el ruso Wladímir Krámik.

En resumen, del vacío a la plenitud; de la descarga mental a la absoluta concentración y foco. Ese es el recorrido mental que deben realizar empleados y directivos para retomar la senda adecuada desde del incendio mental que ha provocado la pandemia. Los plomos se habían fundido y era hora de, alicates en mano, ajustar los claves para evitar más cortocircuitos. Pero muchos han acabado agotados y han visto que no merece la pena exprimir el motor al límite, porque el conductor puede perder el control.

El equilibrio necesario

Los ajedrecistas son conscientes de que la gasolina mental no es infinita y por ello también necesitan detener su vehículo interior para repostar. Pueden pasarse horas sentados en una silla mientras juegan una partida de ajedrez, pero es tal el límite al que llevan su cabeza que el nivel de presión sanguínea que soporta un gran maestro de ajedrez durante una partida de varias horas es similar al de los atletas de maratón.

Recargarse mentalmente es pues un trabajo tanto físico como mental y exige de un entrenamiento constante para soportar la presión y el agotamiento, y más en los tiempos actuales en que vivimos, estresados, faltos de tiempo e inundados por estímulos que irrumpen por doquier para descentrarnos.

Ante tal cantidad de chispazos o fogonazos que llaman nuestra atención y aturden nuestro cerebro, concentrarse resulta a veces un ejercicio hercúleo (una vez más, fortaleza mental y física van de la mano) para sumergirse completamente en el trabajo. El *deep work* (trabajo profundo), tal y como lo ha catalogado Carl Newport, se vuelve casi una quimera, y más cuando nuestra batería mental se encuentra bajo mínimos. En tales circunstancias, rendir al 100 % y alcanzar ese estatus de «ejecutivo eficaz» que preconizaba Peter Drucker se convierte en un Everest imposible de conquistar. Es casi imposible, sin duda, pensar en el *deep work* en medio de un desgaste mental y emocional como el vivido en los dos últimos años. Regresar al trabajo sin haber resuelto ese dilema añade más presión, si cabe, a una cabeza que aún no se ha repuesto del colapso.

Trabajar la mente es un ejercicio mental y físico, y para ello necesitamos la ayuda de las rutinas, rituales y repeticiones, tres elementos que ayudan a los deportistas de élite cuando se tienen que preparar para la alta competición. Son más que conocidas las rutinas y rituales de Rafa Nadal antes de los partidos, desde comenzar a andar con el pie derecho hasta su famosa forma de colocar las botellas de agua y sales minerales junto a la silla, o incluso cómo se recoge el pelo por detrás de las orejas y se ajusta el pantalón en el trasero antes de cada saque. Desde luego, el ceremonial, que para algunos podría constituir un conjunto de manías o incluso caprichos tiene todo el sentido para Nadal a la hora de concentrarse[139].

Pero si alguien merece un apartado especial en las rutinas, que, como hemos dicho, son incluso más un trabajo mental que físico, es el jugador de la NBA Stephen Curry. En diciembre de 2021, Curry se convirtió en el jugador que más triples había anotado en la historia de la NBA[140]. Pero ese fue solo el resultado, el final (hasta ese momento) del recorrido, que había comenzado mucho antes a base de atención, concentración, foco y miles de repeticiones. La rutina de entrenamiento de Curry merece un apartado especial en este momento por lo que supone de mentalización alrededor de un propósito en el que uno invierte todas sus energías.

No es un *Navy seal*, pero la rutina del jugador de los Warriors es espartana: más de 300 tiros a canasta todos los días después del entrenamiento a lo largo de la temporada regular (500 tiros diarios fuera de temporada). La rutina termina con el desafío que le pone sobre la mesa su entrenador personal: anotar treinta tiros seguidos desde cualquier posición de la cancha. Treinta canastas seguidas. El ritual es un ejercicio casi de equilibrismo, pero no solo mejora la téc-

---

139   Para conocer en detalle las rutinas y rituales de Rafael Nadal, vid., por ejemplo, https://www.youtube.com/watch?v=PLNpz6GQ7bE

140   *«Stephen Curry bate el récord de triples en la historia de la NBA»*, *El País*, 14 de diciembre, 2021. https://elpais.com/deportes/2021-12-15/stephen-curry-bate-el-record-de-triples-en-la-historia-de-la-nba.html

nica de lanzamiento de Curry, sino que lo fuerza a desafiarse a sí mismo e ir más allá: la batalla contra uno mismo.

Así cimenta el jugador su fortaleza mental. Como ha dicho Jim Loehr, «*quién eres, qué piensas, sientes y haces; en suma, qué te gusta, es la suma de todo en lo que te concentras*»[141]. Y Curry se ha concentrado para ser el mejor anotador de la historia de la NBA: un propósito, una misión, un destino. Determinación, concentración, atención y foco: en eso consiste la fuerza mental (100 % de batería). A ello se deben dedicar los empleados y líderes que han cargado con la enorme losa de la fatiga pandémica. Si la losa ha sido una carga demasiado pesada, la descarga (que implica recarga) debe ser igualmente intensa para reequilibrar la balanza.

El COVID-19 es un desafío sin precedentes y no da tregua. Muta y se reactiva, mientras que los líderes, por mucha fortaleza mental que tengan, necesitan de vez en cuando echar el freno, repostar y descansar. Magnus Carlsen lo sabe:

«Es vital que me sienta bien con mi cuerpo para tener el control de mis facultades. El entrenamiento físico es fundamental para cuando entras en esa quinta o sexta hora de juego. No creo que puedas mantener la concentración absoluta durante mucho tiempo, sobre todo en una partida de siete horas»[142].

En la sexta partida del Mundial de ajedrez de 2021, celebrado en Dubái, Carlsen jugó en la mesa, pero, sobre todo, en la cabeza. La batalla mental decidió la partida, y a la postre el torneo. Después de casi ocho horas, y tras 136 movimientos, el noruego venció al ruso Niepómniashi en la

---

141   Loehr, Jim, *The Power of Your Story*, The Free Press, New York, 2008.

142   Vid. «*Magnus Carlsen: Daily Routine*», *Balance The Grid Conversations, November* 19, 2020. https://balancethegrind.co/daily-routines/magnus-carlsen-daily-routine/

partida más larga de la historia de los Mundiales de ajedrez. Fue la batalla definitiva.

Después de casi ocho horas ya no se jugaba en el tablero; la partida se había trasladado al campo mental, y ahí Carlsen se sintió en territorio amigo: *«Creo que la clave está en que he tenido más paciencia que Ian* [Niepómniashi] *en la octava hora. Sabía que la posición era muy difícil de defender, y que su error podía llegar en cualquier momento. Era cuestión de porfiar»*[143].

El triunfo de Carlsen en la sexta partida marcó un punto de inflexión en la final. El noruego había vencido la batalla más importante: la mental. A Niepómniashi no le quedaba ya más remedio que batirse en retirada.

En corto, incluso si eres Magnus Carlsen, Rafa Nadal o el directivo mentalmente más fuerte, llega un momento en que cuerpo y cabeza, casi al unísono (o sin el «casi», pues van de la mano), dice: «basta». A partir de ese momento, el vacío y el silencio hacen acto de presencia para bajar el telón. No hay vuelta atrás. La luz de alarma se ha encendido y entramos en zona de peligro.

El sueño reparador

Es el momento del descanso, de reponer fuerzas, de cerrar los ojos e incluso dormir, como veremos en unos instantes. Antes conviene darse de bruces con la cruda realidad con la que muchos empleados se han topado:

---

143   *«Carlsen gana en ocho horas la partida más larga de la historia de los Mundiales de ajedrez», El País,* 3 de diciembre, 2021
https://elpais.com/ajedrez/actualidad/2021-12-03/carlsen-gana-en-ocho-horas-la-partida-mas-larga-de-la-historia-de-los-mundiales.html.

«Sigo viendo a las empresas hacer grandes declaraciones como, 'Dimos una semana libre a nuestros empleados agotados'. Hay tanta ironía en eso. Los ha agotado, por eso les está dando una semana libre. Pero ¿han aliviado la carga de trabajo para que cuando regresen no estén lidiando con el mismo problema?».[144]

Es la pandemia del «queme», la pandemia del agotamiento mental, como ha descrito Jennifer Moss en *The Burnout Epidemic: This Rise of Chronic Stress and How We Can Fix It,* un libro en el que saca a la superficie la epidemia oculta que, en mayor o menor medida, todos los empleados y directivos llevan en su interior una pesada carga que arrastran a diario. *«El simple hecho de poder hablar sobre la salud mental en el trabajo es una ventaja laboral mejor que ayudar a esa persona a meditar cuando realmente no se encuentra bien mentalmente»*[145]. El mensaje no solo golpea a las organizaciones sino que apunta directamente a la guerra global por el talento que asoma a lo lejos. Poco o nada tendrán que hacer en esa guerra las empresas que no atiendan a la persona que hay dentro del empleado:

«Cuando [la organización] *no se preocupa en el espacio de trabajo por el valor del trabajo en sí como un bien para la persona y continúa restando valor a la felicidad, la inteligencia emocional y la aptitud psicológica de esta, entonces esa persona puede sentirse derrotada. En tal situación no aumentas ni su satisfacción en el trabajo ni su satisfacción personal»*[146].

---

144   *«Author Talks: Why Burnout is an Epidemic –and What To Do about It»,* McKinsey & Company, https://www.mckinsey.com/featured-insights/mckinsey-on-books/author-talks-why-burnout-is-an-epidemic-and-what-to-do-about-it.

145   Íbidem.

146   Íbid.

Moss reconoce, de hecho, que uno de los motivos por los que ha escrito el libro es concienciar a los líderes de que tienen «*la responsabilidad de no hacerle eso a las personas que están trabajando mucho para intentar trabajar en un lugar que es saludable*».

Atender al bienestar físico y mental de los empelados es por tanto un requisito *sine qua non* de las organizaciones y de los líderes, y todo comienza por el descanso y la relajación, por tomarse un momento para uno mismo. Una vez más, Magnus Carlsen alumbra la respuesta. Después de un esfuerzo mental de primer orden sentado delante del tablero de ajedrez durante horas, el noruego no lo duda: se va directamente a descansar al hotel. Es el momento del sueño reparador, que en su caso, en plena competición, puede llegar hasta las 13 horas para recargar las energías y poner la mente a punto. En algún caso ha llegado a dormir hasta 16 horas de forma ininterrumpida. Sin duda, el maestro obedece a las neuronas cuando están dan la voz de alarma.

La concentración, el foco y la atención lo llevan a uno a dar lo máximo de sí mismo para ser productivo y alcanzar los objetivos, pero la presión y la tensión acaban provocando fatiga y, finalmente, estrés. Es necesario reequilibrar la balanza y, para ello, por mucha autodisciplina que uno tenga, llega un momento en que hay que colgar las botas y hacer caso al cuerpo y a la mente a través del descanso; en eso juega un papel central el autocontrol, clave para reconquistar el equilibrio necesario (figura 6.3).

Figura 6.3. Energía y queme: el equilibrio necesario

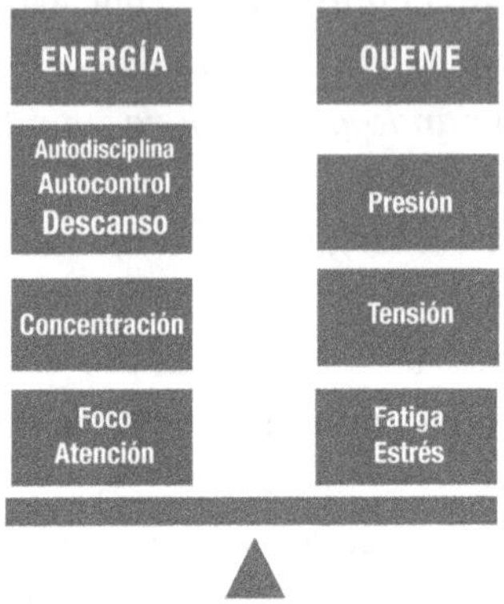

De pronto, la brújula interior apunta al norte y el reloj vuelve a dar la hora. El descanso es el fiel que equilibra la balanza y las baterías empiezan a recuperar carga. Solo queda ya esperar a que se complete la carga para regresar, mental y físicamente preparados, a ese reencuentro con uno mismo y con los demás en la oficina. Es el momento de abrirse y compartir las experiencias personales de la pesadilla.

Más que nunca, el reencuentro supone fomentar el denominado cotilleo positivo, porque esa charla en la máquina de café aporta el calor humano que buscan y necesitan los empleados. Y eso invariablemente alimenta la productividad y la eficacia. La maratoniana Kathrine Switzer lo tiene claro: «*El destino es terminar el trabajo*». Y el trabajo se acaba antes y mejor si uno está 100 % comprometido, enfocado y preparado mentalmente.

La narrativa personal

Los líderes deben cambiar la narrativa. No es tanto el momento de la gran narrativa corporativa (también lo es, sin duda), sino de la narrativa personal:

«Parte de eso es simplemente asegurarte de que las narrativas que usas constantemente sean positivas. Deberíamos estar diciendo: 'Oye, ¿conoces esa presentación que hiciste la semana pasada? Fue muy buena. Tomé estos dos puntos clave, los incorporé a mi equipo, los pusimos en práctica y el resultado ha sido muy bueno. Noté que mi equipo trabajaba de manera diferente; fueron más colaborativos. Gracias por tu ayuda'. Eso demuestra que eres empático, que escuchas a la otra persona. Eso demuestra que realmente estás incorporando esto a la cultura de trabajo en el día a día, y que el trabajo está mejorando. Para esa persona, [tu reacción como líder] tiene un impacto duradero desde el punto de vista de su propio sentido de autoeficacia. Y eso se puede acabar contagiando a todos en la empresa para mejorar la productividad, la autoeficacia y el valor. El barco parte cuando todos juntos alzamos las velas»[147].

Ernest Shakleton, en el peor momento de la expedición del Endurance a la Antártida, entendió que su papel como líder era mantener vivo el optimismo, la esperanza, el espíritu de equipo; o sea, infundir ánimos y valor en la tripulación, incluso cuando ya no había velas que izar. Como relata Dennis Perkings, la noche posterior a la destrucción del Endurance, Shackleton entendió cuál debía ser ahora su cometido:

«Entonces se trataba de garantizar la seguridad de los hombres, y para ello debía dedicar toda mi energía y fuerza mental, y aplicar cada átomo de conocimiento que la experiencia en el Antártico me había dado. Esta tarea iba a ser,

---

147 Íbid.

con toda probabilidad, larga y agotadora, y era esencial mantener la mente ordenada y trazar un programa claro para superar la situación sin pérdida de vidas»[148].

Como Shakleton, los líderes al frente de las organizaciones deben atender a mantener el barco a flote, pero, en primera instancia, a cerciorarse de que la tripulación esté física y mentalmente a salvo, esto es, que no pierda la energía ni el optimismo, para que mañana, todos juntos, alcen velas y el barco prosiga su marcha. Aquí es donde encuentra sentido la pizza de pepperoni de Simone Biles. Esa porción de pizza no solo le permite reponer fuerzas después del esfuerzo, relajarse y mantener el equilibrio perdido, sino que le sirve de cargador para reenchufarse a sí misma y mañana estar de nuevo a tope. Y lo hace en un momento de distensión con sus seres queridos, como puede suceder en un momento de descanso en la empresa. El horario prusiano de Biles perdería el equilibrio y no tendría sentido sin ese capricho, que de capricho tiene más bien poco o nada.

En realidad Arquímedes se equivocó cuando dijo: *«Dadme un punto de apoyo y moveré el mundo»*. El punto de apoyo no está en el exterior sino en el interior de uno mismo. Uno necesita encontrar el equilibrio físico, mental y emocional para reencontrarse consigo mismo. Ese es su punto de apoyo y no otro. Pero hallar ese punto de apoyo es una habilidad compleja que requiere dedicación, atención y concentración; no se alcanza de un día para otro.

En este sentido, un estudiante preguntó en cierta ocasión a Morihei Uyeshiba, el célebre profesor de artes marciales: *«Maestro, ¿cómo es capaz de no perder nunca el equilibrio cuando se le ataca?»*. Su respuesta sirve de fiel de la balanza: *«A menudo pierdo el equilibrio, pero me re-*

---

148   Cit. en Perkins, *Dennis, Lecciones de liderazgo. Las 10 estrategias de Shakleton en su expedición antártica*, Ediciones Desnivel, Madrid, 2000, p. 236.

cupero tan rápido que nunca te das cuenta». Por eso la palabra resiliencia ha vuelto a sonar con fuerza. No se trata de aguantar o resistir, sino de recargar[149]. Magnus Larssen lo sabe. Como sostiene Arianna Huffington en su libro *The Sleep Revolution*, *«sacrificamos el sueño en nombre de la productividad, pero, irónicamente, nuestra pérdida de sueño, a pesar de las horas extras que pasamos en el trabajo, suma 11 días de productividad perdida por año por trabajador, o alrededor de 2.280 dólares».*

A mis alumnos de Gestión del tiempo les hablo de lo que defino como procrastinación positiva o a la inversa, que consiste en lo siguiente: si no estás al 100 %, o sea, totalmente concentrado o enchufado para rendir al máximo, descansa, carga las pilas y mañana, cuando hayas descansado, ponte a tope. Estar *full* mañana depende de que hoy descanses a gusto, vamos, a pierna suelta. Magnus Larssen aprendió la lección hace tiempo y no le va nada mal. En definitiva, la concentración sin equilibrio anticipa salirse de la carretera (y quemarse) en la primera curva.

La recuperación es parte de la puesta a punto. Por eso los ciclistas, después de una contrarreloj, se van al rodillo y siguen pedaleando... para relajar el músculo después del esfuerzo extremo. Esa energía extra que gastan los ciclistas al seguir pedaleando es, en realidad, un chute de energía. Ya están recargando las baterías.

Los líderes y las empresas resilientes mantienen el equilibrio aun en los momentos más turbulentos, porque, por mucho temblor que sientan, están bien asentados en el suelo y pisan tierra firme (en el caso de las empresas, con unos valores y una cultura sólida centrada en las personas).

---

149   Achor, Shawn y Gilean, Michelle, *«Resilience is about How You Recharge, Not How You Endure», Harvard Business Review, June 24,* 2016. https://hbr.org/2016/06/resilience-is-about-how-you-recharge-not-how-you endure?utm_medium=social&utm_campaign=hbr&utm_source=linkedin&tpcc=orgsocial_edit

CAPÍTULO 7
EL FIN DEL LIDERAZGO
(COMO LO CONOCÍAMOS)

El equilibrio interior no solo le mantiene a uno centrado sino también consciente de sus propios límites, pasados los cuales pierde la orientación y comienza a sentir el mareo y la pérdida de control. Por eso la virtud se halla en el medio, donde uno se siente seguro y sin riesgo de irse hacia los lados y caer al vacío.

Conocen de sobra ese virtuosismo los malabaristas y los gimnastas, que coquetean con la gravedad en sus piruetas. Pero el peligro, lejos de desaparecer, sigue latente, y la propia Simone Biles ha reconocido que, en medio de su crisis personal, siente no solo vértigo sino incluso la pérdida de sentido (de sí misma). De pronto, en mitad de un salto o pirueta, su zona de confort preferida, la gimnasta, siente pavor. Le sucedió en Tokio, comienzo de su calvario mental, y desde entonces ha buscado recuperar el equilibrio interior perdido.

No es la única gimnasta a la que le ha sucedido. Son los denominados *twisties* (giros), un bloqueo mental que hace que los gimnastas, incluso los que están en la cima de su carrera, como la superestrella estadounidense, pierdan el control de sus cuerpos mientras están en el aire. En el peor de los casos les resulta imposible terminar el ejercicio de forma segura.

Todos hemos perdido en mayor o menor medida el equilibrio interior a consecuencia de la pandemia. Nadie ha escapado de esa suerte de mareo o vértigo interior. Pero los grandes líderes, aquellos fuertemente asentados y equilibrados, han sorteado mejor la situación. Es la resiliencia, convertida en el nuevo imperativo categórico de las corporaciones para navegar en aguas bravas, una habilidad tan fácil de decir como difícil de definir, y más aún de llevar a la práctica, advierte McKinsey[150], que deja constancia de que no todas las organizaciones ni directivos están preparados para lidiar con las situaciones más complejas de igual forma.

Descentrarse para centrarse

Afortunadamente, quienes han encontrado el equilibrio necesario pisan terreno firme y seguro, pese a los temblores o inclusos seísmos que puedan sentir. Su equilibrio interior es una fortaleza (casi) inexpugnable. Lo es porque, entre otras cosas, estar bien asentados y equilibrados les ha permitido adquirir consciencia de la gran realidad del liderazgo: que el líder, por muy equilibrado que esté, no es el centro. Dicho desde otro prisma, no solo debe ir a la periferia sino que el líder es y representa, de hecho, la periferia. En pocas palabras, la verdadera centralidad del líder comienza cuando asume su condición periférica. Como líder, su deber es servir a quienes sitúa en el centro, que no son otros que sus colaboradores o empleados.

El descentramiento del líder es el estadio más elevado de su centralidad como tal; pero para llegar a esta fase uno debe haber previamente transitado al interior de su «yo» (en equilibrio) para entenderse a sí mismo.

La reflexión previa adquiere tintes filosóficos pero se aterriza de forma súbita con un ejemplo simple. A mis alum-

---

150   Vid. «*The Resilience Imperative: Succeeding in Turbulent Times*», McKinsey, *May* 17, 2021. https://www.mckinsey.com/business-functions/risk-and-resilience/our-insights/the-resilience-imperative-succeeding-in-uncertain-times

nos se lo explico de forma práctica para lo que entiendan al momento. Les pido que creen equipos y formen un círculo entre los miembros que componen el equipo. A continuación, deben elegir al líder y luego le digo a la persona elegida que abandone el círculo y se ponga en mitad del mismo. «Ahora tú eres el líder, así que ocuparás el centro». Acto seguido le pregunto, «¿por qué eres el líder?». Y, después de pensarlo unos segundos, responde: «Porque mis compañeros me han elegido». «O sea, que, si tus compañeros te han elegido... ¡ellos son tus jefes! ¡Los líderes son ellos, no tú!». No tardan en entender lo que les quiero transmitir.

El ejemplo es tan peregrino como elocuente y refleja como pocos la verdad última del liderazgo. Un alto directivo entrevistado por Egon Zehnder lo entendió al momento con una frase tan corta como definitiva: *«Cuando te conviertes en el CEO, dejas de pertenecerte a ti mismo»*. Tanto es así, que otro consejero delegado casi reniega de su condición: *«Estoy empezando a cuestionarme si merece la pena el puesto de CEO»*[151]. Una vez despiertan a la cruda (y feliz) realidad, algunos se cuestionan a sí mismos: *«¿Soy suficiente?»*. *«¿Acaso soy necesario, o en realidad, accesorio?»*. Por no decir abiertamente, ¿sobro? No extraña, por tanto, que, en medio de la pandemia y lo que esta ha supuesto para muchos de ellos, algunos de esos altos directivos no se sientan solo quemados sino «desilusionados»[152].

No resulta fácil responder con un monosílabo a si se sienten más o menos desilusionados por la crisis o por despertar a su realidad como CEOs, pero de lo que no hay duda es de que el líder se debe y sirve a quienes lo han elegido, ya sea el Consejo o los miembros del equipo, como en el caso

---

151   *«It Starts with the CEO. A Global Study»*, Egon Zehnder, Op. cit., pp. 5-6.

152   Íbid., p. 6.

expuesto con anterioridad. Cuando amanecen a la nueva realidad comienzan a entender el significado de lo que supone liderar una organización centrada en las personas: si está centrada en las personas, las personas –y no el líder– son el centro.

El mito del líder sigue, no obstante, pesando demasiado en la mente y el subconsciente de muchos, quienes, ante la tesitura de ser líderes o seguidores, masivamente desean liderar, independientemente del género o la edad, como puso de manifiesto una encuesta de la empresa de investigación de mercado YouGov, que en 2017 preguntó abiertamente por la cuestión.

El estudio dejó un dato interesante para la reflexión. Ante la pregunta «¿Te describirías a ti mismo más como un líder o como un seguidor?», el mismo porcentaje de mujeres (34 %) contestaron que se veían como líderes o como «ninguno», esto es, ni líderes ni seguidores, un hecho que dejaba constancia del largo camino por recorrer en lo que respecta al liderazgo femenino, por la indefinición o inseguridad de las propias mujeres a adquirir un rol directivo de primer orden (y es necesario que asuman su rol de líder por las bondades que pueden aportar a la dirección de las organizaciones).

Desde luego, para ser líder uno debe ser, en primer término, «visto» o «considerado» como tal, y eso no depende del líder en sí sino de quienes están a su alrededor. Por mucho que uno levante la mano con vitalidad y energía, si nadie lo sigue o se levanta con él, será cualquier cosa salvo un líder (incluso su capacidad de autoliderazgo se verá minada al observar el escaso atractivo, interés o capacidad de arrastre que concita). A decir verdad, la escena se vuelve ciertamente paradójica cuando uno, ansioso de ser líder, puede llegar a la conclusión de que prefiere ser seguidor, porque así al menos (o incluso) elige al líder.

Los seguidores son los líderes

Visto así (porque así se presenta la realidad), no extraña que Barbara Kellerman se refierese ya al final del liderazgo (tal y como lo conocíamos) hace una década[153]. Porque, a fuer de ser sinceros, el liderazgo es la consecuencia o el resultado de lo verdaderamente importante: los seguidores (*followership*). Son estos los que nombran y dan carta de naturaleza al líder.

Conviene volver la mirada por tanto a los seguidores, sobre todo si son proactivos o incluso activistas, pues, como son ellos quienes eligen en definitiva al líder, también pueden, llegado el momento, dar marcha atrás (quien te pone te puede quitar). «*Los activistas sienten un fuerte sentimiento por sus líderes y actúan en consecuencia. Están ansiosos, [y son] enérgicos y comprometidos. Debido a que invierten mucho en las personas y los procesos, trabajan duro en nombre de sus líderes o para socavarlos e incluso desbancarlos*»[154]; y actúan de este modo, de hecho, cuando los seguidores tienen criterio y pensamiento propio[155].

Este proceso no es más que la plasmación de una realidad tan evidente como olvidada con demasiada frecuencia: que los líderes dependen de los seguidores. Entonces, ante la pregunta que en su momento se formularon en 2007 Robert Goffee y Gareth Jones en *Why Should Anyone be Led by You?*, ahora no cabe otra opción que replantear los términos de la pregunta: ¿por qué deberían no solo seguirte sino elegirte a ti como líder? A decir verdad, esta es la gran pregunta

---

153   Kellerman, Barbara, *The End of Leadership, Harper Business, New York*, 2012.

154   Kellerman, Barbara, *Followership, Harvard Business School Press*, Cambridge, Boston, Massachusetts, 2008, p. 94.

155   Íbidem. p. 236.

a la que deben responder los directivos cuyos empleados han salido despavoridos de las empresas incluso sin tener atado (o en mente) otro trabajo.

Algo ha fallado desde el punto de vista directivo para que esos empleados hayan llegado a la conclusión de que es mejor la nada que el caos. La pregunta merece cuanto menos una reflexión serena y sosegada, porque de la calidad y el atino de la respuesta dependerá cómo afronten esos directivos la próxima guerra por el talento. En su libro, Goffee y Jones dejaron claras las reclamaciones de los seguidores: autenticidad, significado, entusiasmo y comunidad[156]. Una vez más, sentirse realizados (significado), sentido de pertenencia (comunidad) y entusiasmo (aprecio, sintonía y creatividad).

De nuevo, la comunidad alrededor de la oficina, lugar de encuentro y abrazo entre el líder y los miembros de equipo, porque no eran las paredes de la oficina sino el cara a cara lo que hacía de esta un lugar especial de encuentro, entusiasmo, energía, innovación, creatividad, entusiasmo y, en suma, equipo. En ese cóctel encuentran los empleados verdadero significado al trabajo y a la empresa, siempre y cuando el líder cumpla la condición necesaria, su parte del trato: autenticidad. Los seguidores piden –exigen– humanidad al líder, y desde luego este debe responder con el ejemplo. *«No puedes falsificar o fingir la sinceridad»*[157].

Es la cuadratura del círculo abierto en su día por Abraham Zaleznik: de la distancia a la cercanía. Si para Zaleznik los líderes son *«nacen* [renacen] *por segunda vez»* (*twice-born leaders*) y, como consecuencia de ello, adquieren un estadio elevado de distanciamiento (*separateness*), condi-

---

156   Goffee, Robert y Jones, Gareth, *Why Should Anyone Be Led By You, Harvard Business Press,* Cambdirge, Boston, Massuchetts, 2007.

157   Íbidem.

ción necesaria para «*encontrar su orden*» interior[158], Goffee y Jones reivindican el valor de la cercanía (*closeness*) de esos líderes para acercarse a los seguidores e inspirar confianza. La cercanía, dicen, acerca a las personas, crea confianza y, en suma, une. Dicho de otro modo, crea la comunidad necesaria para encontrar el calor humano que buscan los empleados.

En verdad, no era el liderazgo sino la comunidad (*communityship*), como apuntó en 2015 Henry Mintzberg. Conviene a este respecto recordar las palabras de Mintzberg cuando rescató este término del silencio académico, cuando era ya una realidad en el día a día de las empresas desde hacía mucho:

«¿Has escuchado en alguna ocasión la palabra 'communityship' ('comunidad')? Si no, no temas: no lo encontrarás en un diccionario. Lástima, porque la necesitamos para poner el liderazgo en su lugar. Di ¡liderazgo! e invocarás la imagen de un individuo al borde del precipicio, el gran caballero montado a lomos de un gran caballo blanco para salvarnos a todos (incluso si se dirige a un agujero negro). Todos los demás son seguidores. Incluso si la intención del liderazgo es empoderar a otras personas, su efecto puede ser desempoderarlas. ¿Realmente queremos un mundo de seguidores? Piensa en las organizaciones que más admiras. Apuesto a que al frente de ellas y en el centro hay un poderoso sentido de comunidad. No puedo repetir esta frase con demasiada frecuencia, pero las organizaciones efectivas son comunidades de seres humanos, no colecciones de Recursos Humanos»[159].

---

158   Zaleznik, Abraham, «*Managers and Leaders: Are they Different?*», *Harvard Business Review*, Reprint, *The Best of HBR*, 1977 (2004), pp. 1–10.

159   Mintzberg, Henry, «*Enough Leadership. Time for Communityship*», blog, *February* 12, 2015. https://mintzberg.org/blog/communityship

En este breve comentario, Mintzberg empieza a cavar la tumba del liderazgo —o al menos lo desnuda— para, como hemos visto a lo largo de este libro, encontrarse a sí mismo en su desnudez. El ejercicio es sin duda una operación a corazón abierto y requiere tino y precisión, por lo que el Mintzberg afina el tiro al milímetro:

«¿Cómo reconocer la comunidad? Eso es fácil. La has encontrado cuando entras en una organización y te sorprenden la energía del lugar, el compromiso personal y colectivo de las personas que trabajan allí. Estas personas no tienen que estar formalmente empoderadas, porque están comprometidas de forma natural. La organización las respeta para que ellas la respeten. No viven con el miedo mortal de ser despedidos en masa porque algún 'líder' no ha llegado a sus filas. Imagínate una economía formada por tales organizaciones»[160].

Observemos la realidad empresarial del último año. Si analizamos punto por punto los elementos que cita Mintzberg, al momento nos percataremos de que esos puntos describen al detalle las causas últimas de la gran salida en masa de los empleados. El análisis combina cirugía y arquitectura para dar con la clave de bóveda de la crisis de talento a nivel global. Y la causa es simple: se ha perdido el sentido de comunidad en la empresa o, dicho de otra forma, la pandemia ha congelado definitivamente las organizaciones y los empleados buscan ahora calor y refugio allí donde pueden.

Es tal el tino del comentario que la comparación sonroja. De unos empleados que «no viven con el miedo mortal de ser despedidos en masa porque algún 'líder' no ha llegado a sus filas», hemos pasado a unos empleados que han salido corriendo de las empresas con lo puesto por miedo a seguir con los líderes y organizaciones que tenían enfrente hasta ese momento.

---

160   Íbidem.

La conclusión de Mintzberg asesta un golpe definitivo al liderazgo (de antaño):

«Seguro que necesitamos liderazgo, especialmente para establecer la comunidad dentro de una nueva organización y ayudar a mantenerla en una organización establecida. Lo que no necesitamos es esta obsesión por el liderazgo, por el individuo diferenciado del resto, como si ese líder fuera el fin de todo y fuera toda la organización. Así que necesitamos menos liderazgo o, quizás mejor dicho, solo el liderazgo justo y suficiente, integrado en la comunidad»[161].

En las páginas anteriores hemos abordado con detalle las causas por las cuales los empleados han abandonado en masa las organizaciones, pero esta es sin duda la causa primera y última de todas: el liderazgo; mejor dicho, el liderazgo mal entendido, pues ha enviado ese sentido comunidad al ostracismo. Lo ha puesto a hibernar.

La descripción que realiza Mintzberg de los entornos de trabajo y empresas ideales coincide por completo con los principios de la «humanocracia» de Gary Hamel. Entre ambos análisis, las dos orillas que el puente debe unir para hacer efectivo ese abrazo del liderazgo en comunidad.

A la postre, el (re)encuentro sería el símbolo del final (o triunfo definitivo) del liderazgo, aquel en el cual todos son líderes y como tal actúan, pues asumen como equipo, de forma individual y colectiva, su responsabilidad como líderes. En palabras de Hamel, la «propiedad» del liderazgo en comunidad, en la cual todos se sienten y son líderes. En suma, la «propiedad extrema» (*extreme ownership*) a la que se refiere el ex *Navy seal* Jocko Willink; el ocaso y el despertar (amanecer) del liderazgo.

---

161   Íbid.

Asumir la responsabilidad (o no)

Esa es la responsabilidad de los líderes, pero, al mismo tiempo, el gran desafío, pues ¿acaso están dispuestos todos los miembros de la comunidad a asumir la responsabilidad inherente al liderazgo? ¿Quieren ser líderes y, por tanto, cargar a sus espaldas con la responsabilidad que supone tal condición, o por el contrario, prefieren seguir ejerciendo su papel como parte del equipo que, situado en círculo, como hemos visto, elige al líder?

En la Revolución francesa fue el pueblo francés quien asumió el liderazgo colectivo para asaltar La Bastilla y terminar con el Antiguo régimen, representado por Luis XVI y María Antonieta. Cuando, durante mis sesiones de liderazgo en KEDGE Business School, recuerdo el asalto a La Bastilla en 1789, pregunto a los alumnos, ¿quién era el líder de los revolucionarios? ¿Quién estaba al frente? ¿No había líder? Claro que lo había. Era el pueblo, la comunidad; todos. Todos, de forma individual y colectiva, asumieron la responsabilidad del liderazgo.

Sucedió de igual forma en la revolución de Egipto de 2013 que puso fin a la etapa de Hosni Mubarak al frente del Gobierno marroquí. El pueblo en masa asumió el liderazgo. El análisis fue similar:

«Para muchos analistas en los medios de comunicación parece difícil entender la idea de que exista un movimiento sin una figura carismática y reconocible (un Nelson Mandela o un Aung San Suu Kyi, o tal vez incluso un Julian Assange) al frente. Si hay un país que necesitaba la presencia de un líder de nivel 5 al estilo de Jim Collins o de un líder que también encarnase las nociones de inteligencia emocional de Daniel Goleman y las ideas de Peter Drucker sobre la eficacia, ese país es Egipto ahora mismo»[162].

---

162   Guterman, Jimmy, *«Do we Need Leaders?»*, *Harvard Business Re-*

La revolución del pueblo egipcio congregó el liderazgo de Collins, Goleman y Drucker para derrocar a Mubarack. No tenían un líder visible al frente; el líder fue el pueblo, todos. «El equipo es el nuevo héroe», como a menudo proclama la dirección de L'Óreal.

En las evoluciones expuestas anteriormente, el pueblo en masa se alzó contra el poder reinante entonces. Conviene a este respecto matizar claramente el sentido de «masa» inherente a esas revoluciones. Las dos revoluciones descritas, pese a que no contaban con un rostro reconocido al frente, suponen el contrapunto a la masa informe, anónima y oculta detrás de una máscara (*annonymous*). Este es, en realidad, el océano que separa el rostro «sin forma ni sonido» (*Sun Tzu*) de *annonymous* de la masa con un propósito compartido, como el que tenían las personas que se echaron a la calle en las dos revoluciones.

Así opera el liderazgo de la comunidad: todos son líderes porque todos asumen la responsabilidad y misión del liderazgo como algo propio que permite que entre todos los miembros se construya un fuerte sentido de propósito, compromiso, colaboración y confianza mutua. De ahí surge la «resiliencia emocional de ser conocido, escuchado y aceptado por ser quien eres». En suma, la seguridad psicológica de Amy Edmonson en su máxima expresión: todos se sienten aceptados y reconocidos, y nadie tiene miedo a mostrar sus propias vulnerabilidades en público porque confía plenamente en el resto del equipo. Es más, «*todos los miembros tienen el derecho a que su opinión sea escuchada en público sin que nadie pueda callarlos o censurarlos*», como ha apuntado Ray Dalio[163]. El líder es el equipo: no uno sino todos (el equipo es ese «uno» con mayúsculas).

---

view, February 11, 2011. https://hbr.org/2011/02/why-do-we-need-leaders

163   Dalio, Ray, *Principles*, Simon & Shuster, 2017.

La pregunta prohibida

De ser así, la pregunta viene por descontado: ¿acaso necesitamos entonces líderes? Si todos son líderes, el propio concepto del líder como persona con una visión que inspira al resto pierde su razón de ser, diría alguno.

Esa es la paradoja y a la vez la manifestación del triunfo definitivo del liderazgo: la organización sin líderes (*leaderless organization*), porque todos son líderes en la organización, como la consultora sueca Crisp, donde «nadie está al mando». Yassal Sundman, del departamento de desarrollo de la firma, explica: «*Dijimos, ¿y si no tuviéramos a nadie como nuestro próximo CEO? ¿Qué sucedería? ¿Cómo serían las cosas entonces?' Y luego hicimos un ejercicio y enumeramos las cosas que hace el CEO*». Los miembros de la consultora se repartieron entre ellos los roles de la lista que habían preparado y, mirándose unos a otros, dijeron: «*Está bien, ¿por qué no lo probamos?*»[164].

Crisp realiza reuniones de cuatro días para todo el personal dos o tres veces al año. Están acostumbrados a tomar decisiones sobre asuntos que afectan a todos, como una simple mudanza de oficina, pero se anima a los trabajadores a que tomen decisiones ellos mismos en otros momentos. A simple vista puede parecer un modelo asambleario. Nada más lejos de la realidad. Todos los empleados tienen libertad absoluta para tomar decisiones y, por tanto, absoluta responsabilidad por el resultado de las decisiones que hayan tomado. El modelo «propiedad total, responsabilidad total y liderazgo total» visto en capítulos anteriores se encuentra en el corazón de Crisp. Todo parte de la iniciativa individual: «Si quieres hacer algo, ponte de pie y empieza a conducir».

---

164   «*No CEO: The Swedish Company where Nobody is in Charge*», BBC News, *February 17, 2017.* https://www.bbc.com/news/business-38928528

O sea, que el que no se levanta y actúa se borra de la lista. Es la madurez del liderazgo: tratar a los empleados (tan empleados como líderes en sí mismos) como personas adultas y maduras. Ahí radica el secreto del respeto absoluto al empleado.

La democracia del liderazgo

En eso consiste el liderazgo entendido como una relación, en palabras de Henry Mintzberg, de «*influencia social en la cual todos los miembros de una comunidad ejercen el liderazgo*»[165] como miembros y socios del equipo, esto es, en igualdad a todos los niveles: responsabilidad y rendición de cuentas. La figura 7.1 resume el vuelco definitivo del liderazgo para abrirse a esa comunidad y alcanzar la plenitud del liderazgo.

El liderazgo total combina dos principios clave: liderazgo distribuido (*distributed leadership*) y liderazgo en todas partes (*leadership everywhere*). Ambos principios comparten el mismo objetivo: conseguir que toda la organización no solo esté orientada al liderazgo, sino que el liderazgo sea el fundamento de la cultura corporativa de la empresa; esto es, que la empresa se convierta en una fábrica de líderes autónomos e independientes, autorresponsables y librepensadores.

Los líderes deben impulsar esa cultura en un esfuerzo de arriba abajo y de abajo arriba, «*de modo que cada persona sea un líder y tome decisiones, y se haga responsable de esas decisiones y de la ejecución del desempeño*»[166].

---

165   Cfr. «*Radical Communitiship*», blog. https://www.jamiemuskopf.com/blog/radical-communityship

166   «*Leading in the 21st Century: An Interview with Shell's Ann Pickard*», McKinsey & Company, *June 1*, 2014. https://www.mckinsey.com/featured-insights/leadership/leading-in-the-21st-century-an-interview-with-shells-ann-pickard

Figura 7.1. Fases del desarrollo, transformación y plenitud del liderazgo

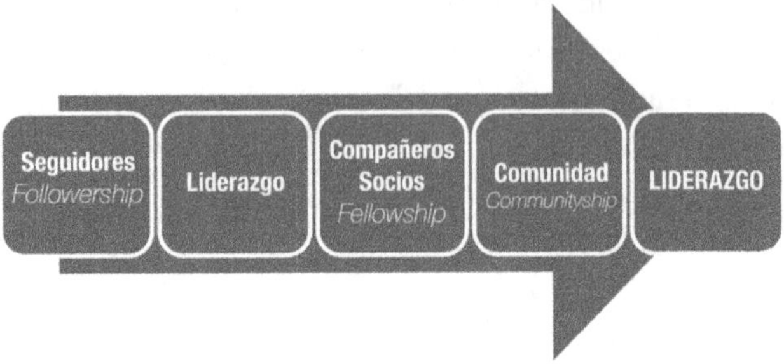

De este modo, no solo se fomentan la libertad y la contribución del empleado sino que estas se reconocen, agradecen, recompensan y retribuyen. Reconocimiento, aprecio y salario, los tres aplausos, caricias y abrazos que reclaman los empleados para verse valorados como profesionales y como personas. En eso consiste el liderazgo humano.

Millones de empleados han tenido que huir para que las organizaciones hayan finalmente recibido, entendido e interiorizado el mensaje. Después de un largo tiempo en silencio y aislados por la pandemia, el talento ha despertado y esperan un paso adelante por parte de los líderes. Como ha dicho la profesora de Harvard Business School, Linda Hill, *«las personas no quieren seguir a un líder hacia el futuro; quieren cocrear ese futuro»*[167].

Los empleados no solo quieren cocrear el futuro de su organización; quieren cocrear el futuro del liderazgo. Deben hacerlo. El liderazgo se ha democratizado y esa es la buena noticia. Ya no es patrimonio de unos pocos elegidos sino de todos. Es más, es responsabilidad de todos preservar, proteger y defender ese regalo en forma de servicio y dejarlo en forma de legado a las futuras generaciones. La tarea es urgente y hay mucho en juego.

---

167   *«What does it Take to be a Great Leader in Times of Change? We Asked Six Experts»*, *World Economic Forum*, Op. cit.

CAPÍTULO 8
DESPERTAR AL LIDERAZGO, UNA TAREA URGENTE

En los capítulos anteriores hemos recogido la frase de un alto directivo que sobresale por su clarividencia y honradez: «Cuando te conviertes en el CEO, dejas de pertenecerte a ti mismo». Así debe ser. Uno nace y amanece al liderazgo a través del discernimiento de sí mismo como líder (el renacer a uno mismo como un *twice-born leader*).

El discernimiento es la incubadora del líder; pero, una vez que ha renacido a sí mismo y emerge como líder (líderes como, entre otros, Steve Jobs o Mahatma Gandhi experimentaron esa suerte de trance o transformación *–defining moment*– en ciertos momentos de su vida), su visión del liderazgo –visión y el liderazgo– cambia para siempre. Es en ese momento cuando entiende que el liderazgo supone descentramiento, es decir, entrega: abrirse y entregarse a quien tiene al lado.

Adam Grant lo define en su libro *Givers and Takers* como «*otherish*»: ver a quien hasta hace poco era «el otro», el *outsider*, como alguien tan próximo y cercano como necesario para uno mismo. Porque se da cuenta –se cae del caballo, como Pablo de Tarso–, de que no es sino un líder más, un líder humano, una persona normal y corriente, alguien como el resto. En ese renacimiento a sí mismo descubre que está desnudo y que no lleva ni un escudo ni una capa mágica. No es el superhéroe que había imaginado toda su vida sino alguien del montón.

Esa es precisamente la cualidad que distingue al líder: que es normal, esto es, uno mismo, sin trampa ni cartón, con arrugas e imperfecciones. Joseph Nye lo describe con brillantez: «*Los héroes carecen de imperfecciones, pero los líderes tienen verrugas. Raro es el líder sin defectos. [...] Los líderes son demasiado humanos. A veces las personas buenas hacen cosas malas y viceversa*»[168].

En efecto. Son la imperfección y la humanidad del líder las que le hacen ser alguien –alguien y no algo, porque es la persona– especial. Esa humanidad lo acerca a los demás y, de forma paralela, atrae al resto a estar cerca del líder, porque les inspira confianza y seguridad. Se sienten seguros a su lado; no tienen miedo alguno. Es la seguridad psicológica que despierta el líder en los demás lo que permite al primero unir y sumar a todos en torno a un proyecto común, porque el propio líder asume su propia imperfección, vulnerabilidad y necesidad de ayuda. Por eso se entrega como nadie. Sabe que son ellos los que están en el centro y no él. Él crecerá solo en la medida en que ayude al resto a crecer.

A los alumnos de Gestión de equipos les encargo dos trabajos en equipo, uno a mitad de curso y otro al final, sobre dos casos tan similares como distantes: me refiero a la expedición del Endurance de Shakleton a la Antárdida[169] y luego, a final de curso, la expedición al Everest de 1996[170]. Los alumnos analizan primero el caso de Shakleton y a final de curso les pido que analicen el del Everest y que lo comparen con el de Shakleton desde una perspectiva de equipo y

---

168   Nye, Joseph, *The Powers to Lead*, Oxford University Press, Oxford, 2008.

169   Cfr. Koehn, Nancy, F., «*Leadership in Crisis: Ernest Shackleton and the Epic Voyage of the Endurance*», Case 9-803-127, *Harvard Business School, December 2, 2010*.

170   Cfr. Roberto, Michael A. y Carioggia, Gina M., «Mount Everest-1996», Case 9-303-961, Harvard Business School, *January* 6, 2003.

liderazgo. No les adelanto mi tesis de fondo, que comparto ahora y que en gran medida resume ambos casos. Así como la ascensión al Everest fue un éxito –hicieron cumbre– que ha pasado a la historia como un fracaso y una tragedia, la expedición del Endurance fue un fracaso que ha pasado a la historia como un éxito, una hazaña, y sus protagonistas, comenzando por el propio Shakleton, han sido elevados a la categoría de héroes.

¿Por qué el éxito se convirtió en fracaso y viceversa? La respuesta se encuentra en el liderazgo y los equipos, o sea, en las personas. En el peor momento, en el momento más difícil –recuerda la película sobre Winston Churchill *The Darkest Hour*–, Shakleton entendió que el protagonista, el centro, no era él sino que todo dependía de sus hombres, de la tripulación. Él se debía a ellos y por tanto debía darse y entregarse para que el optimismo permaneciese vivo.

El espíritu de sacrificio de Shakleton fue recompensado con el trabajo ímprobo de todos, como también sucedió, por ejemplo, con la tragedia de los Andes (todos para uno y uno para todos). El líder se descentró porque fue consciente de que él no ocupaba el centro sino que eran los demás quienes debían ocupar ese lugar. Por el contrario, los miembros de la «exitosa» expedición al Everest no eran un equipo («solo éramos un equipo en el nombre»[171]) sino un grupo de clientes desconocidos que habían pagado una gran suma de dinero para formar parte de la expedición. Claro que los alpinistas se preocuparon de ellos, pero única y exclusivamente porque estaban dando el servicio por el que los clientes habían pagado.

---

171   Íbidem., p. 8.

No eran clientes sino personas

Los dos casos reparten juego de sobra para abrir varios frentes al mismo tiempo. Comencemos por los «clientes», pues, para bien o para mal, esa concepción es una de las causas fondo de la huida masiva de empleados a nivel mundial. Durante los últimos años, el concepto de «cliente interno» en relación a los empleados ha hecho fortuna en numerosas empresas. El lema es simple: hay que tratar a los empleados como clientes. Son los «clientes internos». Craso error. Inmenso error.

No hace falta explayarse en explicar el sentido y el significado de esa expresión. Se entiende al momento. Pero ver al empleado como cliente implica entender la relación con ese empleado desde su punto contractual, o sea, el culmen del liderazgo transaccional. De nuevo, no eran miembros de una expedición al Everest sino clientes a los que se ofrecía una experiencia única («éxito seguro al 100 %»). El problema es que los empleados son personas y desean ser tratados como personas. Lo han dejado claro.

Liderar es liderar personas, no clientes. Y los «clientes» se han ido porque el trato recibido por el «oferente» no ha suficientemente satisfactorio.

Por el contrario, Shakleton entendió al momento su misión como líder:

«Shakleton tenía una comprensión maravillosa y peculiar de las actitudes y relaciones de las personas entre sí y de la expedición como un todo. Percibía cómo una persona o un grupo de personas podían tener un impacto profundo en la psicología [estado de ánimo] *de los demás. Por lo tanto, insistía mucho en la cortesía y en el optimismo y, de hecho, su actitud era: 'Tienes que ser condenadamente optimista'»*[172].

---

172 Worsley, F. A., *Endurance: An Epic of Polar Adventure*, W. W. No-

El comentario incluye todos los números de la contraseña; esto es, entender:

1. Las relaciones humanas.
2. El proyecto como un todo: equipo y proyecto (empresa).
3. La seguridad psicológica y psicología positiva: liderazgo positivo.
4. El liderazgo como servicio: cortesía (servicio y entrega desinteresada, en comparación con la cortesía interesada al cliente).

En suma, optimismo, que ahora escribe como «h» de *hope* (esperanza). Es ahora más que nunca cuando los líderes deben estar cerca de los suyos para dar calor humano e infundir optimismo y esperanza después de una tempestad que ha arrancado el tejado de nuestra «casa» interior. Es el momento de la esperanza y el optimismo en las palabras –el líder como gran comunicador–, pero, sobre todo, es el momento de mostrar esa esperanza y optimismo (y gratitud) con gestos. Son los gestos los que provocan un impacto profundo en las personas, como profundo ha sido el impacto emocional, psicológico y mental de la pandemia.

Después del sopapo en la cara, aún aturdidos por el golpe, se ha tocado a rebato para formar filas, pero muchos han desertado porque no estaban mentalmente preparados para cargar el fusil sobre sus hombros. Ya llevaban demasiado peso –mental– encima como para encima portar armas. Nunca antes la cercanía y cortesía, la humanidad del líder, han sido la mejor estrategia de atracción y retención (incluso rescate) del talento.

---

ron & Co., New York, 1999, p. 53.

Los líderes deben asumir su papel de forma urgente. Como dijo Rosabeth Moss Kanter en un brillante artículo en 2011, *«el modelo de vanguardia no solo exige más líderes; exige más de ellos. Funcionan como integradores, gerentes de identidad y constructores de instituciones que puedan dominar la complejidad, la diversidad y la incertidumbre»*[173]; integradores y gerentes de la identidad capacidad de pasar del «yo» individual al «nosotros», y del «nosotros» al «yo» en equipo y corporativo.

Para Kanter, y esto es lo relevante (lo dijo hace una década), *«confiar en las personas para que estas tomen decisiones sobre dónde, cuándo y con quién trabajar debería hacer que los trabajos fuesen más acogedores»*[174], lo cual supondría que las empresas *«identificasen algo más grande que las transacciones para proporcionar un propósito y un significado»*[175] a los empleados y la sociedad.

De un plumazo Kanter liquida la mentalidad transaccional, lo cual supone restaurar la condición de empleados y, sobre todo, de personas, a esos «clientes internos» que, insatisfechos por el «servicio» recibido, han abandonado el hotel.

El gran cambio (*great shift*, otro «gran» término en boca de muchos en los últimos tiempos) comienza por entender el humanismo inherente al liderazgo, porque los líderes lideran personas que desean ser tratadas respetuosamente como personas adultas. El comentario es tan básico que resulta insultante recordarlo, pero el vuelco mental provocado por la pandemia ha sido de tal magnitud que conviene regresar al comienzo del temario para recordar los conceptos clave.

---

173   Kanter, Rosabeth Moss, *«How Great Companies Think Differenty»*, *Harvard Business Review*, November 2011, pp. 66-77.

174   Íbidem., p. 76

175   Íbid, p. 70.

Pequeños gestos, grandes cambios

El lema de la escuela de negocios de Stanford resume el proceso de forma brillante: *«Change lives. Change organizations. Change the world»*; pero el cambio empieza por una vida en concreto, la de uno mismo. El cambio comienza en el interior de uno mismo, en la propia desnudez: *«No puedes esperar que todo cambie mientras sigues igual. El liderazgo requiere desarrollo y evolución personal, en el centro de los cuales está la curiosidad, esto es, aprender y escuchar lo que realmente está sucediendo en tus equipos y en el mundo»*[176]. Y para conocer lo que está sucediendo hay que acercarse, mirar a los ojos, preguntar y escuchar con atención. En gestos tan sencillos encontrarán los líderes la respuesta.

Es hora, por tanto, de levantarse y emprender la marcha. Amanece ya en el horizonte y por delante queda una larga jornada y una ardua tarea: amanecer al futuro del liderazgo. *«No creo que sepamos lo que la próxima década demandará de los CEOs, pero tengo la esperanza de que acelere el cambio hacia una forma de liderazgo más impulsada por un propósito y centrada en los empleados»*[177]. Para centrarse en los empleados los líderes deben primero descentrarse: el *primus inter pares,* o uno de los nuestros.

Un pequeño gesto supone un pequeño cambio, pero ese pequeño cambio puede suponer el comienzo de un gran cambio. Los grandes cambios globales siempre han comenzado de la nada o de una anécdota sin mayor importancia. Incluso el momento que cambió la ciencia moderna para siempre co-

---

176 *«It Starts with the CEO. A Global Study»*, Egon Zehnder, Op. cit. p. 14.

177 Íbidem.

menzó con una manzana caída del árbol. Pero, ya sea cambio, transformación, disrupción o evolución, todo empieza por las personas, principio y fin del liderazgo.

De los líderes depende mimar ese talento independientemente de su talla de pie. Como dijo William McRaven en su inolvidable discurso de graduación, «*si quieres cambiar el mundo, mide a una persona por el tamaño de su corazón, no por el tamaño de sus aletas*»[178].

Los líderes no solo hablan y llegan al corazón de las personas; penetran en ese corazón. Más que nunca, los líderes deben sentir ese mensaje. Es un mensaje que deben creer, pero, sobre todo, se debe sentir. No eran las aletas sino el corazón; no era la oficina sino las personas. Porque las personas son el corazón y el alma de la oficina y de la empresa; en definitiva, el principio y fin del liderazgo.

---

178   Extracto del discurso de graduación de la promoción de 2014 de la Universidad de Texas, Austin.

CAPÍTULO 9
EL FUTURO PIDE PASO

No tendría sentido el liderazgo sin una mirada al futuro. El liderazgo nace de hecho en el futuro y se hace realidad en el presente a través del líder, que se «presenta» ante los suyos para guiarlos hacia el ansiado destino futuro y, a lo largo del trayecto, ayudarlos en todo momento, pues sabe de buena guisa que su posición de líder no le viene de serie sino que se le concede por aquellos a quienes tendrá que servir. Así como el consejo nombra al primer ejecutivo y este tiene que rendir cuentas a aquellos, del mismo modo debe actuar el líder, siempre con la vista en el futuro y en las personas, o sea, en el futuro de las personas.

El liderazgo es un viaje, un recorrido vital, así como una responsabilidad y un honor. Pero, por encima de todo, un servicio. *«No he venido para ser servido como para servir»*[179], dijo aquel a quien algunos han definido como el mejor CEO de todos los tiempos. Ernest Shakleton no solo siguió al pie de la letra el mandato sino que cumplió diligente la segunda parte, al *«dar su vida en rescate de muchos»*[180]. *«Confieso que sentí la carga de la responsabilidad sobre mis hombros, pero por otra parte me sentí estimulado y animado por la actitud de los hombres»*, afirmó después el explorador[181].

---

179   Mt 20, 28.

180   Íbidem.

181   Shakleton, Ernest, *South, The Macmillan Company, New York*, 1920, p. 121..

Responsabilidad y respuesta

La responsabilidad define al líder, pues este, tanto es responsable como da respuesta a quienes lo rodean. No es omnisciente (le asaltan las dudas, de hecho) ni tiene todas las respuestas, pero su vulnerabilidad es el secreto de su encanto personal. Mira al futuro esperanzado, pese a que no las tenga todas consigo en el presente, pues sabe que lo mejor está por venir.

Es el adviento del liderazgo, el futuro, el talento que debe mimar, cultivar y desarrollar para finalmente pasarle el testigo.

Humanidad, imperfección, autenticidad y empatía; todo rezumado de curiosidad y asombro, madre e hija, respectivamente, de la innovación.

Legado, huella y futuro

Así son las costuras del traje del líder que este otorgará como herencia a las generaciones futuras. ¿Qué legado deseas dejar? A Steve Jobs lo llenaron de flores y mensajes, incluso de manzanas —para el postre—, claro, a su fallecimiento. Otros salieron con cajas de cartón repletas de material de oficina, apuntes, libretas, y alguna foto que había en su mesa de trabajo junto al ordenador.

La imagen de algunos de esos empleados en pleno Manhattan (a estas alturas ya sabes a quién me refiero; Lehman Brothers, por supuesto) coparon portadas de la prensa en todo el mundo. También las copó Jobs cuando se fue, pero no hubo tanto glamur; más bien una manzana a medio comer y la alargada sombra y la huella de un mago. Ah! Y una cosa más (el famoso *one more thing* de las presentaciones de

Steve Jobs): un vacío enorme en el corazón de miles de personas en todo el mundo.

A veces el legado supone un vacío. Pero ese vacío no es más que la plenitud del liderazgo.

A lomos de gigantes

Quieres caminar a lomos de gigantes, porque te vienes arriba y ardes en deseos de triunfar (y probablemente lo hagas). Pero no serás tú el gigante sino ellos, los que están a tu alrededor. Ellos serán tu soporte y tu sustento, tu tierra firme, ajena a temblores telúricos o pandémicos.

Algunos líderes se han manifestado ya sobre ese futuro y el legado que desean dejar. El resultado apunta maneras (y más ahora que a muchos los han abandonado de un día para otro sin avisar):

«Es un momento crítico para reflexionar sobre lo que debería ser el futuro y cómo podemos contribuir los líderes. Saldremos adelante pese a la pandemia, pero entraremos en el impacto colosal que el cambio climático está provocando en el planeta y las personas. [...] La pregunta para nosotros, los líderes, es averiguar dónde y cómo y en qué podemos contribuir más»[182].

Ahí queda el desafío, pero hacen falta manos, y eso exige cultivar el talento, regarlo con mimo, abrazarlo con suavidad; porque el talento pide paso y viene con nuevos bríos y energías renovadas. Comenzamos el libro bajos de ánimo y sin baterías, pero las nuevas generaciones apuntan alto.

Lo viví en primera persona en la *KEDGE Business School*, en Marsella, cuando impartí el programa de lideraz-

---

182   *«It Starts with the CEO. A Global Study»*, Egon Zehnder, Op. cit., p. 15.

go. Este libro es el resultado de ese programa, así que, a decir verdad, el profesor apenas ha sido el amanuense de turno, uno de tantos. Los auténticos autores han sido los alumnos, que han vivido y sentido el liderazgo desde el interior, y miran ya esperanzados al futuro. Como dijo Alice Walker en un maravilloso libro *We Are the Ones we Have Been Waiting For*, ellos son el verdadero mensaje de esperanza para el futuro.

Démosles por tanto voz en primera persona, pues este libro no tendría sentido sin ellos. Este es el futuro del liderazgo (y corre, que ya están llamando a la puerta para ganar el futuro). Los siguientes comentarios salen directamente de esos alumnos. Su mensaje es un deseo de cara al futuro:

1. *«Siempre me he esforzado al máximo para comprender las cosas y ser la mejor para este puesto. Por eso todos mis compañeros confían en mí para llevarlos a la victoria».*

2. *«Un líder que no se atreve a salirse de los caminos ya demasiado trillados no puede pretender ser un líder».*

3. *«Mi objetivo es difundir mi legado a todos mis compañeros (que no seguidores). Mi legado es simplemente la alegría de vivir, el deseo de compartir y ayudar, y el poder del autosacrificio».*

4. *«Quiero dar fuerza a las otras mujeres que no se han atrevido todavía a cruzar la (falsa) línea roja por los prejuicios. Como mujer y presidenta, ¡quiero demostrar que es posible!».*

5. *«Me gustaría ser una mujer líder que pueda lograr las mismas cosas y recibir las mismas felicitaciones que un hombre líder sin discriminaciones sexuales».*

6. *«*[Ya sea en la cultura y el mecenazgo o en la empresa]*, el liderazgo tiene una dimensión artística».*

7. *«Seré yo mismo, con tanto orgullo como humildad, tanta fuerza como suavidad y, en definitiva, con tanto cariño como cercanía. Así es como la gente me elegirá como líder».*

8. *«La gente necesita un sol; no pueden caminar sin ver nada».*

9. *«El liderazgo tiene que ver con generar y ganarse el compromiso, y con crear alianzas para trabajar juntos para el bienestar de la comunidad global».*

10. *«Un lugar de trabajo inclusivo es imprescindible. Quiero que me recuerden como alguien que cambia la forma en que las personas trabajan y hacen negocios».*

11. *«Hay tres palabras que describen el líder que quiero ser: retador, responsable y humano. Quiero ser un líder que piense globalmente, que pueda enfrentar la realidad y un líder que asuma desafíos. Quiero tomar decisiones y asumir responsabilidades. Y quiero ser humanista, preocuparme por mí y por los demás. Un líder que puede pensar global e individualmente».*

12. *«Seré un líder que nunca dejó atrás sus valores».*

13. «*Si nos ayudamos unos a otros seremos más fuertes*».

14. «*Me acercaré a la gente*».

15. «*Quiero que la gente se sienta amada, escuchada, creída e importante*».

16. «*Quiero que las personas se sientan desafiadas y mejoren*».

17. «*Quiero crear algo que florezca a mi alrededor*».

18. «*Me comunicaré con las siguientes palabras: positivismo, determinación y voluntad*».

19. «*Quiero tener un impacto positivo en todo lo que hago, hacer las cosas de acuerdo con mis valores en los proyectos que lidero*».

20. «*Me gustaría poder ser un ejemplo para las personas que me rodean*».

En medio de un «no» global, en pleno «queme», en mitad de un «adiós», que más que «adiós» ha sido un «hasta nunca», los que vienen detrás responden con un «sí» rotundo al liderazgo.

A lo lejos comienzan a verse las primeras luces. El crepúsculo del día ha llegado. Es el amanecer del liderazgo; el «sí» de la canción de Snow Patrol:

Just say yes
Say there's nothing holding you back
It's not a test
Nor a tricky of the mind, only love.

El amanecer del liderazgo es el «sí» a las personas, porque son las personas las que iluminan el liderazgo. Sin ellas el liderazgo quedaría a oscuras, en tinieblas, en el ocaso eterno. A los líderes les toca acercase al interruptor y encender la bombilla (y la lumbre, para dar calor y abrigo a todos).

Shakleton no tuvo reparos en hacerlo: «*El primer pensamiento de Shakleton era para sus subordinados. A él no le importaba ir sin camisa con tal de que los hombres que lideraba tuvieran ropa suficiente [...]. Uno sentía que lo que le preocupaba ante todo era el grupo*»[183].

Al «abrigo» del liderazgo, el explorador mantuvo a los suyos con vida. No los abandonó. Muy al contrario. Como buen capitán dio la vida por ellos. Pero no es el heroísmo de la escena sino el fondo de esta lo que merece ser rescatado, pues plasma la esencia de las palabras de Robert Greenleaf, el triunfo del liderazgo como servicio:

«*El 'servant-first' leader* (líder servidor), *ante todo sirve. Comienza con el sentimiento natural de que uno quiere, ante todo, servir. Servir es su primer objetivo. El 'leader-first' y el 'servant-first' son dos tipos extremos. La diferencia se manifiesta en el cuidado con que el 'servant-first leader' se asegura de que se atiendan las necesidades más prioritarias de otras personas. La mejor prueba de ello –aunque difícil de gestionar– es: ¿Aquellos a quienes sirvo crecen como personas? ¿Se vuelven más saludables, más sabios, más libres, más autónomos y más propensos a convertirse en servidores? ¿Y cuál es el efecto en los menos privilegiados de la sociedad?*».

El amanecer del liderazgo no era «resetear» el liderazgo sino regresar al liderazgo, volver a los orígenes, a la esencia, del liderazgo: las personas. «*No sois vosotros los que me*

---

183   Cit. en Perkins, Dennis, *Lecciones de liderazgo*, Op. cit., p. 96.

habéis elegido; soy yo quien os he elegido»[184]; justo lo que había hecho Shakleton con un anuncio que ha pasado a la historia por sincero (la sinceridad y honestidad del líder; la verdad de este como persona):

> Se buscan hombres para un viaje peligroso. Paga reducida. Frío intenso. Largos meses en la más completa oscuridad. Peligro constante. Es dudoso que puedan regresar a salvo. En caso de éxito, recibirán honores y reconocimiento.

El viaje se llamaba COVID-19, pero al final de la travesía había honores y reconocimiento. Por ello la revista Time eligió en 2021 como héroes del año a los «trabajadores del milagro», los científicos que estuvieron al frente de la investigación para lograr una vacuna. No eran superhéroes sino personas de carne y hueso, aunque sus batas blancas han sido su capa mágica para salvar a la humanidad. Ahora sí cobran sentido las palabras del Seal McRaven: «*Batman y Superman no vienen a salvar el mundo. Depende de ti. Pero nunca, nunca en mi vida, he tenido tanta confianza en que el destino del mundo está en buenas manos. Ved y sed los héroes que necesitamos*».

---

184   Jn, 15, 12.

EPÍLOGO

Debo confesar algo al comenzar el epílogo de este libro. A la vista de la situación del mercado, las sucesivas crisis, y finalmente la pandemia, desde tres o cuatro años me rondaba una idea sobre la cual había pensado ponerme a escribir quién sabe si un libro o algo similar. Tenía incluso el título en mi cabeza, tan directo como comercial, supongo: *La venganza del talento.*

Pero la realidad se ha adelantado al libro.

Por algún lado iba a acabar estallando la situación. El chicle se ha estirado hasta el infinito y desde hacía tiempo se notaban síntomas que indicaban que algo podía pasar. Ha sucedido, pero de una forma que nadie imaginaba. La pandemia ha cambiado las reglas de juego en todos los sentidos, comenzando por el liderazgo y el talento. Y hago esta reflexión justo el 31 de diciembre de 2021, horas después de haber visto en YouTube una entrevista que realizó la cadena de televisión CNBC a Alan Guarino, vicepresidente mundial de Korn Kerry, una de las grandes firmas de cazatalentos a nivel mundial. El tema de la entrevista era evidente: cómo había afectado la pandemia al mercado y, en concreto, cómo la *great resignation* estaba cambiando las reglas de juego.

La frase inicial de Guarino tenía jugo e iba al fondo de la cuestión: «*Es un buen momento para ser un empleado*» (guerra de talento en ciernes...). En cuanto vi ese titular, enseguida me acordé de la última sesión de la asignatura de Negociación que había hado semanas antes en la Universidad Carlos III de Madrid, una sesión especial con un tema claro: cómo encarar y negociar un proceso de selección o una oferta de trabajo. Pues bien, metidos en plena negociación, Guarino entró a matar en la entrevista de CNBC:

«Hace unos días comí en un restaurante con un CEO, justo una semana antes de las vacaciones [de Navidad] *y, cuando terminamos la comida, me dijo: 'Tengo que regresar a la oficina y gastar un millón de dólares en una persona'. '¿De qué estás hablando?'. Y me dijo: 'Tengo que subirle el sueldo a una persona de 1,5 millones de dólares a 2,5 millones de dólares al año para mantener a esa persona en mi equipo, porque tiene otra oferta de otra empresa'. Es solo una anécdota, pero creo que deja clara la situación»*[185].

El directivo de Korn Ferry era ya en ese momento plenamente consciente de la creciente tensión en el mercado y, ante la siguiente pregunta del periodista, volvió a agarrar el guante con fuerza para llevarlo a su zona de confort, el liderazgo:

«¿Es la retribución adecuada y, si es posible, es lo suficientemente competitiva como para que el profesional tolere o acepte como ideal un entorno que no es ideal? La verdadera cuestión no es esa [sino] *cómo conseguir que los líderes y los mánagers sean mejores, conseguir que las personas vayan a la oficina o en remoto y se sientan realmente valoradas. Si sucede así, entonces la compensación es un poco menos importante».*[186]

A lo largo de este libro hemos intentado vislumbrar qué hay más allá del horizonte cortoplacista y de la mirada rápida para adentrarnos en las causas últimas que hay detrás de la gran estampida de miles de empleados y del futuro del liderazgo. En realidad, esa huida no es más que la consecuencia, no la causa. La cuestión de fondo es qué hacemos con el liderazgo; cuál es el futuro del liderazgo.

---

185   Vid. https://www.youtube.com/watch?v=Yz_jPSTqu6s

186   Íbidem.

Para llegar a la causa hay que retroceder en el tiempo e indagar mucho más en el fondo y la forma. Cuando se realiza la cirugía, tres elementos emergen casi de forma súbita: el liderazgo, la cultura corporativa y la retribución. Pero esos no son sino la manifestación de algo incluso más profundo: autorrealización, reconocimiento, gratitud, recompensa, pertenencia, equipo, comunión, comunidad... En suma, la sensación del profesional de sentirse acompañado y apreciado, incluso querido; de no sentirse aislado o a la intemperie, pues la pandemia nos ha desnudado ante el helador frío de infectados, fallecidos y damnificados, física y mentalmente.

Es la pandemia humana, más allá de la sanitaria. Una pandemia humana en todos los sentidos, no solo el mental; pero, lógicamente, afecta mucho al corazón y a la mente, hasta que esta ha dicho «basta». Algunos se sienten mal pagados y eso ha influido en su salida, pero no se trata del dinero sino de algo mucho más profundo. Daniel Goleman apunta en esta dirección: «*Muchos en estas generaciones más jóvenes sienten que la búsqueda de ganancias por sí sola ha sido un callejón sin salida*»[187]. Quizá se sientan injustamente pagados en relación con su esfuerzo y las horas que pasan delante del ordenador. Pero su queja va al fondo del sistema, y es ahí adonde apunta Goleman (y donde deberían mirar los líderes si quieren atraer talento):

«*Cada vez más personas en su carrera temprana preferirían no trabajar en una organización que no tiene un propósito mayor que las ganancias trimestrales. Todo esto sugiere que hay un nuevo campo de batalla en la guerra por el talento: no solo el paquete de compensación que ofrece*

---

187 Goleman, Daniel, «*The New Battlefield in the War for Talent*», *Briefings Magazine*, Korn Ferry, issue 52, *December-January*, 2022, pp. 18-19.

una empresa, sino también el significado y el propósito que persigue la organización»[188].

Cuando en 2011 realicé el programa *Orchestrating Winning Performance* en el IMD de Lausana (Suiza), escuché una conferencia magistral de Jean-Claude Biver, entonces presidente de Hublot, que acudió al programa como ponente invitado para hablar sobre liderazgo y valores. Durante su intervención, Biver realizó un comentario que provocó que los 400 directivos que asistíamos al programa nos levantásemos al momento para estallar en una cerrada ovación. La reflexión que acababa de realizar era tan breve como sabia, profunda y potente: *«Tenemos falta de amor en la empresa y en la sociedad, y el amor no lo puedes comprar. El siglo XXI necesita descubrir de nuevo el amor. Mi ética se ha construido sobre la base del amor»*[189]. Y el amor, precisó, es compartir.

Por desgracia, la frialdad de los edificios corporativos ha ido bajando poco a poco, de forma paulina, la temperatura humana de las oficinas. El aire acondicionado ha refrescado el ambiente para evitar que el calor haga estragos cuando el sol aprieta, pero, de forma inconsciente, la temperatura vital y humana de las organizaciones ha descendido de forma alarmante. La crisis rampante ha hecho que las organizaciones hayan ido tirando de la cuerda hasta que esta se ha tensado en exceso e incluso se ha roto en algún caso, y lo ha hecho en mitad de la pandemia, después del confinamiento y el aislamiento. De pronto, el combustible y la mecha se toparon en el camino: soledad, aislamiento y tiempo para pensar en uno mismo, sobre lo que realmente quiere y le importa y

---

188   Íbidem.

189   Biver, Jean Claude, *«Leadership and Values»*, conferencia magistral, sesión plenaria, *Orchestrating Winning Performance Program*, IMD Lausana, 2011.

lo que, por el contrario, está recibiendo, o incluso se le está negando.

De la reflexión han salido las respuestas: un sueldo monetariamente aceptable (o no) pero vitalmente deficiente, es decir, a calzón quitado, un sueldo precario; escaso o nulo aprecio (una relación puramente comercial, empresarial o transaccional); y, en tercer término, lo que sustenta los dos anteriores: la frialdad del trato humano, o sea, la falta de reconocimiento, respeto, aprecio y cariño; esa suerte de «amor» al que se refirió Biver en su conferencia. «*El respeto es un acto de amor*», dijo Biver en aquella intervención, de la cual todavía hoy, una década después, releo sus frases más atinadas, anotadas en la Moleskine con que nos obsequiaron en la escuela. Y entre esas notas, la frase final de Biver, que apunta precisamente al atardecer de la vida: «*La vida debe ser usada para conseguir un éxito que solo podrá ser medido tras la muerte*». De nuevo, una clara evocación y mirada al legado.

La tarea por delante es tan importante como urgente. No hace falta acudir a la matriz de Eisenhower para discernir si el desafío es más o menos urgente o importante. Como sucede con la sostenibilidad y el cambio climático, el «rescate» de personas y organizaciones, la humanización de las empresas, comenzando por el liderazgo, es una necesidad tan imperiosa como oportuna. Es «la» necesidad y «el» deber y responsabilidad de los líderes. A esta cuestión deben dedicar todos sus esfuerzos antes de que sea tarde.

Peter Drucker no vaciló:

«La empresa es una comunidad de seres humanos. Su desempeño es el desempeño de los seres humanos. Y una comunidad humana debe basarse en creencias comunes y debe simbolizar su cohesión en principios comunes. De lo

contrario se paraliza, no puede actuar, no puede exigir ni obtener esfuerzo ni rendimiento de sus miembros»[190].

Personas y comunidad. Esas son las dos columnas sobre las cuales se asienta el templo del liderazgo. Esa es la razón por la cual el liderazgo ha estado amenazado por la pandemia. El COVID-19 ha atacado a las personas, las ha aislado y, como consecuencia, ha evitado que puedan relacionarse y vivir y trabajar de forma productiva, en comunidad, en el trabajo.

En medio de la contienda muchos han caído abatidos por el desgaste mental, mientras otros, aislados, han salido con lo puesto. Y muchos, al volver a la oficina, notaron un cambio en la decoración: la oficina se había deshumanizado, había un vacío, el vacío humano (más geles hidroalcohólicos y medidas de seguridad, pero menos humanidad).

Es urgente que los líderes actúen de inmediato y restauren el orden. Lo dijo Abraham Zaleznik en el subtítulo de *The Managerial Mysthique*: «*Restaurar el liderazgo en los negocios*» («*Restoring Leadership in Business*»). Es el momento de revitalizar y revivir el liderazgo; y los líderes deben hacer de ese revivir una realidad para las personas y las organizaciones. Esa es la misión y la responsabilidad de los líderes.

---

190   Drucker, P.F., *The Practice of Management, The Classic Drucker Collection, The Classic Drucker Collection*, Oxford, 2007, p. 59.

AGRADECIMIENTOS

A diferencia de mis anteriores libros, estos agradecimientos serán algo más breves, aunque no por ello menos sentidos y agradecidos. Si este libro ha salido adelante ha sido, en primer lugar, por Santiago García, que me dio la oportunidad de dar un curso de liderazgo en la *KEDGE Business School* en Marsella. Me lo propuso apenas tres semanas antes del comienzo de las sesiones y me obligó a trabajar de forma espartana en ello. Mucha reflexión y pensamiento, para luego ir encajando una a una todas las piezas del puzle para que al final el curso quedase perfectamente estructurado en una suerte de melodía o viaje del liderazgo.

Santiago abrió la puerta, pero fueron los alumnos del programa quienes me brindaron la oportunidad de, por unos días, introducirme en sus vidas para ayudarlos a crecer. Gracias a vosotros, alumnos, por dejarme acompañaros en vuestro proceso de crecimiento, porque en realidad soy yo el que ha crecido a vuestro lado al escuchar cada una de vuestras experiencias y vivencias personales. Ha sido vuestro curso y, por tanto, es vuestro libro. Yo apenas he sido un amanuense al uso que, llevado por vuestro entusiasmo, se puso a teclear con frenesí para que las letras y las palabras bailasen al son que vosotros habíais marcado en clase. Recordad la marcha Radetzky. Vosotros sois los verdaderos directores de la orquesta; yo soy un simple espectador que os ha animado a perseguir vuestros sueños y hacerlos realidad.

No me gustaría dejar al margen al resto de mis alumnos, pues ellos también forman parte de este libro. A mis maravillosos alumnos de la Universidad Carlos III de Madrid. He dicho en infinidad de ocasiones que vosotros sois los mejores alumnos que he tenido en mi vida. Sois talento puro y duro; diamantes en bruto. No me importa pasar horas y horas preparando las sesiones y corrigiendo vuestros trabajos, porque solo una respuesta de agradecimiento por parte de uno de vosotros al recibir mi *feedback* compensa con creces todo el esfuerzo y dedicación. Sois maravillosos, como también lo son los alumnos del CMI Business School, La Sabana y los que vendrán en el futuro. Los alumnos me dais vida. Sin vosotros, este libro no tendría sentido.

Y luego tú, Sofía. Tú lo eres todo. Y me quedo corto. Estuviste en el momento más difícil, en el ocaso de mi vida y has estado ahí para acompañarme en el despertar a la vida. Amanecer a la vida contigo al lado es maravilloso.

Me gustaría igualmente agradecer de forma profunda este libro a Marta Prieto Asirón, fundadora y directora de Editorial Kolima. Te envié, Marta, por mensaje un manuscrito, lo empezaste a leer y te gustó. Pero luego te dije: «Voy a escribir un nuevo libro. Lo tengo en la cabeza. Deja que lo escriba». Y lo he escrito. «Crees porque has visto, dichoso...». A ti no te ha hecho falta verlo. Has creído. Es la confianza. No hay más que añadir.

Por último, me gustaría dar las gracias a todas las personas que voy conociendo por mi camino. Algunos vienen, otros van, muchos siguen... De todos he aprendido, y si estoy aquí es por vosotros.

Pero los que nunca fallan, los que siempre estarán, son los que nacieron conmigo, los de Lugo: Daniel, Jacobo, Fernando, Gil, Vanesa, Chelo, Lucía... Tantos y tantos. Pasarán los años, pero sé que siempre estaréis ahí, porque somos *galegos*.

Finalmente, quiero dedicar este libro a mi familia y, en especial, a mi madre, ya en el cielo. Con los años me he dado cuenta de que he salido a ti, mamá, y me encanta que así sea. Gracias por todo. Sé que Isa y tú me cuidáis desde ahí arriba.

No querría terminar sin Enrique, no sé si mi ángel de la guarda, un bendito, un santo... Pero tu bondad es infinita. No eres mi cuñado, pero eres mi cuñado y mucho más.

Gracias a todos.